책임 집필	민혜경	랑스한국어연구소 소장 부산외국어대학교 글로벌한국학전공 강의교수 부산외국어대학교 일반대학원 다문화교육학 박사 수료
공동 집필	김리라	랑스한국어연구소 연구원 한국외국어대학교 교육대학원 외국어로서의한국어교육학 석사
	정대우	랑스한국어연구소 연구원 부산외국어대학교 일반대학원 한국어교육학과 박사 수료
	정진현	부산대학교 한국어교육학 박사 부산대학교 외국어로서의한국어교육전공 강사
보조 집필	조민정	목원대학교 국제예술산업학부 특임교수 한국외국어대학교 일반대학원 외국어로서의 한국어교육학 박사 수료
	박상아	랑스한국어연구소 보조 연구원
감수	임진숙	부산외국어대학교 국제학부 글로벌한국학전공(한국어교육) 교수 부산외국어대학교 한국어교육학 박사

 랑스코리아 스토어 (일본어)
https://www.langskoreastore.com/

 랑스코리아 홈페이지 (영어)
www.langskorea.co.kr

 랑스코리아 홈페이지 (일본어)
www.langskorea.com

 랑스코리아 유튜브 (영어)
www.youtube.com/langskorea_en

 랑스코리아 유튜브 (일본어)
www.youtube.com/langskorea

 랑스코리아 인스타그램 (영어)
www.instagram.com/langskorea_en

 랑스코리아 인스타그램 (일본어)
www.instagram.com/langskorea

랑스코리아(langs Korea)는 랑스 주식회사의 한국어 교육 및 한국어교재 출판 전문 브랜드입니다.
홈페이지 및 유튜브 채널을 통해서 본 교재의 MP3 파일을 다운로드 및 재생하실 수 있으며,
더욱 다양한 한국어 교육 관련 자료를 보실 수 있습니다.

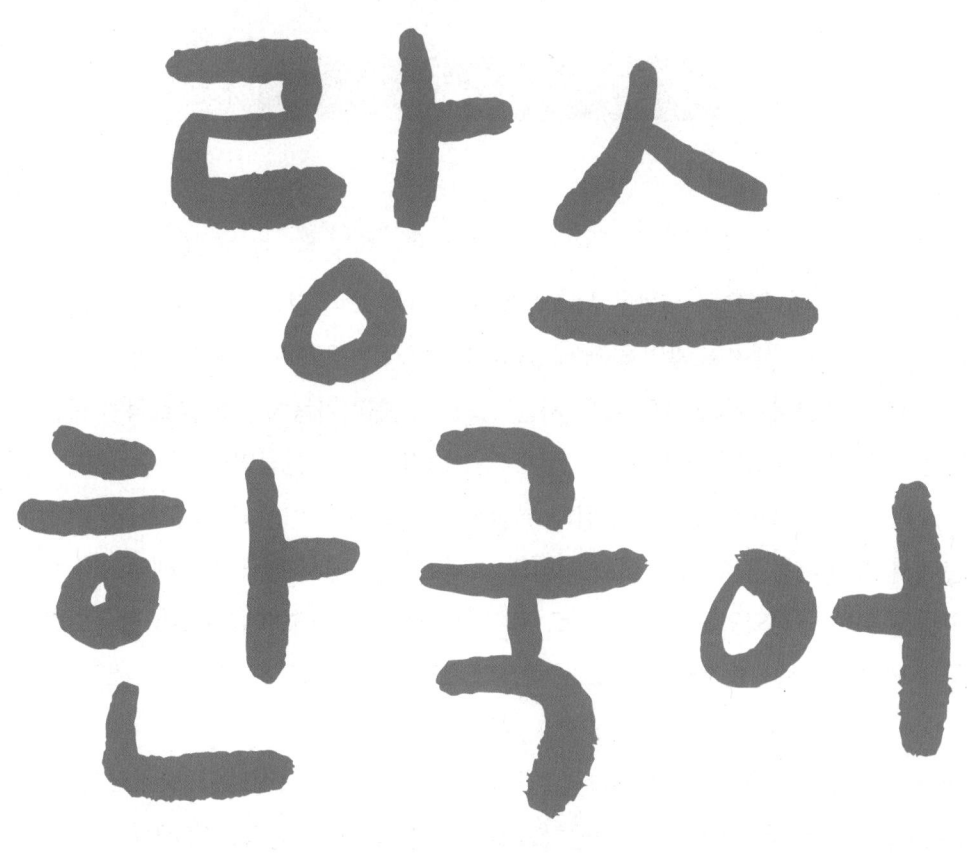

랑스 한국어

2B

langs Korea

발간사

코로나 펜데믹을 겪으며 새로운 시대의 흐름에 맞는 보다 현장감 있는 의사소통 중심의 교재가 필요하다는 생각을 많이 하게 되었습니다. 현장 전문가로 오랜 기간 동안 한국어 교육 현장에 있으면서 외국인들이 짧은 시간에 의사소통이 가능하도록 실질적인 도움을 줄 수 있는 교재가 없을까에 대한 고민도 많이 하였습니다. 『랑스한국어연구소』는 지난 1년 간 의사소통 중심의 교재를 발간하기 위해 부단한 노력을 기울였습니다. 『랑스 한국어』는 실생활에서 쉽게 사용할 수 있는 회화 중심의 교재로, 대학에서 한국어를 배우고자 하는 외국인들을 위해 구성되었습니다. 앞으로 『랑스 한국어』가 국내외에서 널리 활용되어 외국인들이 의사소통 중심의 한국어 학습을 하는데 조금이나마 기여를 할 수 있기를 바랍니다.

랑스 주식회사에서는 한국어 교육 및 한국어교재 출판 전문 브랜드인 『랑스코리아(langs Korea)』를 통해 외국인들이 더욱 친근하고 즐겁게 한국어를 체계적으로 배울 수 있도록 지원하고 있으며, 한국어 교육 및 학습 분야의 다양한 연구, 교재 개발을 위하여 『랑스한국어연구소』를 운영하고 있습니다. 한국어를 사랑하고 한국어를 배우고 싶어 하는 전 세계의 모든 이들에게 실질적인 도움이 될 수 있도록 앞으로도 더욱 다양한 한국어 교재 및 콘텐츠 제작에 힘쓰도록 하겠습니다.

실용적이고 현장감 있는 한국어 교재, 한국어를 학습하는 외국인들이 더욱 쉽게 다가갈 수 있는 한국어 교재를 만들기 위하여 그 동안 부단히 노력해 주신 집필진들에게 깊은 감사를 드립니다. 또한, 학습자들이 더욱 편안하게 활용할 수 있는 교재를 만들기 위하여 노력해 주신 랑스 주식회사 출판 관계자에게도 감사의 말씀을 전합니다.

2023년 10월
랑스주식회사 대표 박시영

머리말

한글을 반나절 글이라고 합니다. 한글을 익히기까지 시간이 오래 걸리지 않다는 뜻입니다. 이와 같이 『랑스 한국어』의 목표는 한국어 학습자들이 짧은 시간 내에 한국어 의사소통 능력을 향상시키는 데 있습니다. 『랑스 한국어』는 말하기, 듣기, 읽기, 쓰기의 통합 교재로, 초급부터 중급까지 『국제 통용 한국어 표준 교육과정(2017)』을 기반으로 문법과 어휘를 체계적으로 구성하였습니다. 이 교재는 학습자들이 단시간 안에 네 가지 언어 기능의 균형 있는 발전과 특히 말하기 능력을 강화할 수 있도록 주제 중심의 대화문을 통해 상황에 대한 이해를 높이고 문법과 의사소통 능력을 향상하도록 구성되었습니다. 또한, 학습 내용을 단계적으로 제시하여 체계적인 학습을 할 수 있게 하였으며, 학습자가 주체가 되어 연습과 과제 활동을 수행하도록 하여 수업에 적극적으로 참여할 수 있도록 구성하였습니다.

『랑스 한국어』가 출간되기까지 이 책의 집필진들이 쏟은 노력에 대해 깊은 감사를 드립니다. 뿐만 아니라 긴 시간 집필진들이 집필에 집중할 수 있도록 묵묵히 응원해 주신 집필진들의 가족분들에게도 깊은 감사의 말씀을 전합니다. 본 교재의 감수를 맡아 주신 부산외국어대학교 임진숙 교수님께도 감사의 말씀을 드립니다. 끝으로 『랑스한국어연구소』를 대표하여, 『랑스 한국어』가 국내외에서 한국어 학습에 큰 도움이 되길 바라며 다시 한번 이 책의 집필진들과 출판 관계자에게 감사의 말씀을 전합니다.

2023년 10월
저자 대표 민혜경

일러두기

각 단원은 두 개의 대화문과 활동으로 구성되어 있으며 8~12시간의 학습 분량으로 구성되어 있습니다. 학습 목표를 통해 각 과의 학습 내용을 확인하고 학습자의 학습 동기를 활성화 합니다. 어휘 및 표현은 과의 주제와 관련된 어휘와 표현을 익히고 확인할 수 있습니다.

다음으로 말하기는 핵심 어휘와 목표 문법을 사용하여 실제 구어에 가깝게 구성하였습니다. 문법은 학습자가 반드시 익혀야 할 문법 항목을 중심으로 덩이 표현을 제시하였습니다.

또, 연습 문제를 통해 그 의미와 기능을 익히고 연습하도록 구성하였습니다. 활동은 각 주제와 관련된 듣고 말하기, 읽고 말하기, 쓰고 발표하기로 구성하였습니다.

학습 목표
단원의 학습 목표를 확인할 수 있습니다.

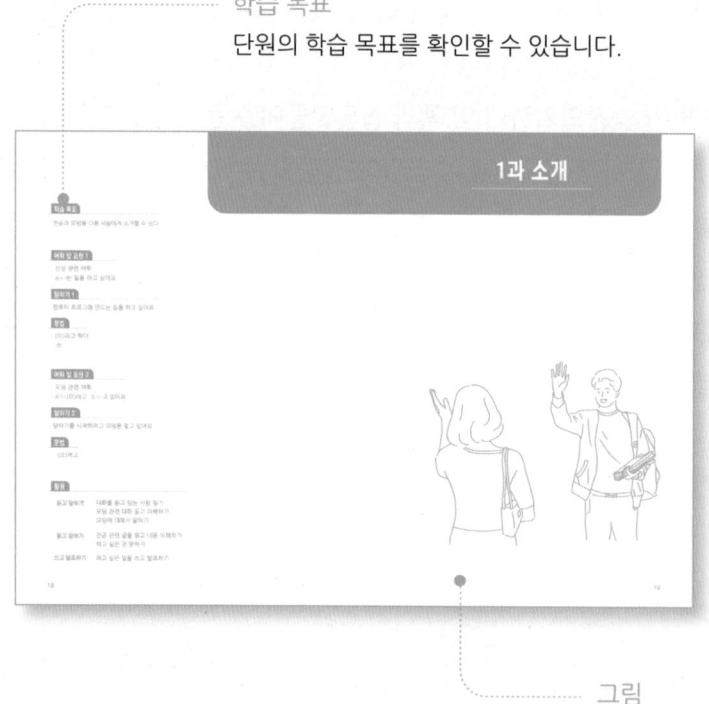

그림
단원의 관련된 그림을 통해 학습자의 관심을 유발하고 학습 동기를 활성화 합니다.

말하기 음원
말하기 음원을 QR로 제시하여
쉽게 들을 수 있게 하였습니다.

제목
단원의 목표 문법을 유추할 수 있습니다.

어휘 및 표현1
어휘를 주제별로 모아
의미를 유추할 수 있는
사진과 함께 제시합니다.

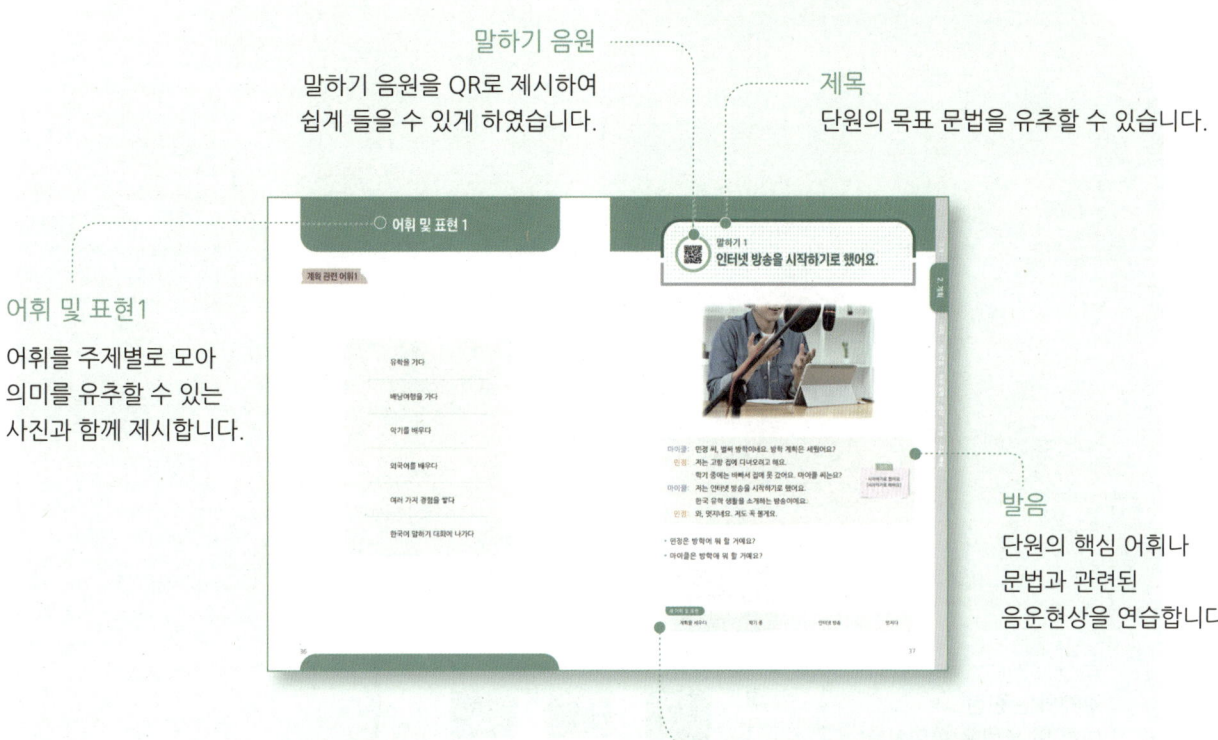

발음
단원의 핵심 어휘나
문법과 관련된
음운현상을 연습합니다.

새 어휘
새로 제시된 어휘와 표현을 제시합니다.

문법
목표 문법의 형태
변화를 제시하여
이해를 돕기 위해
예문을 제시합니다.

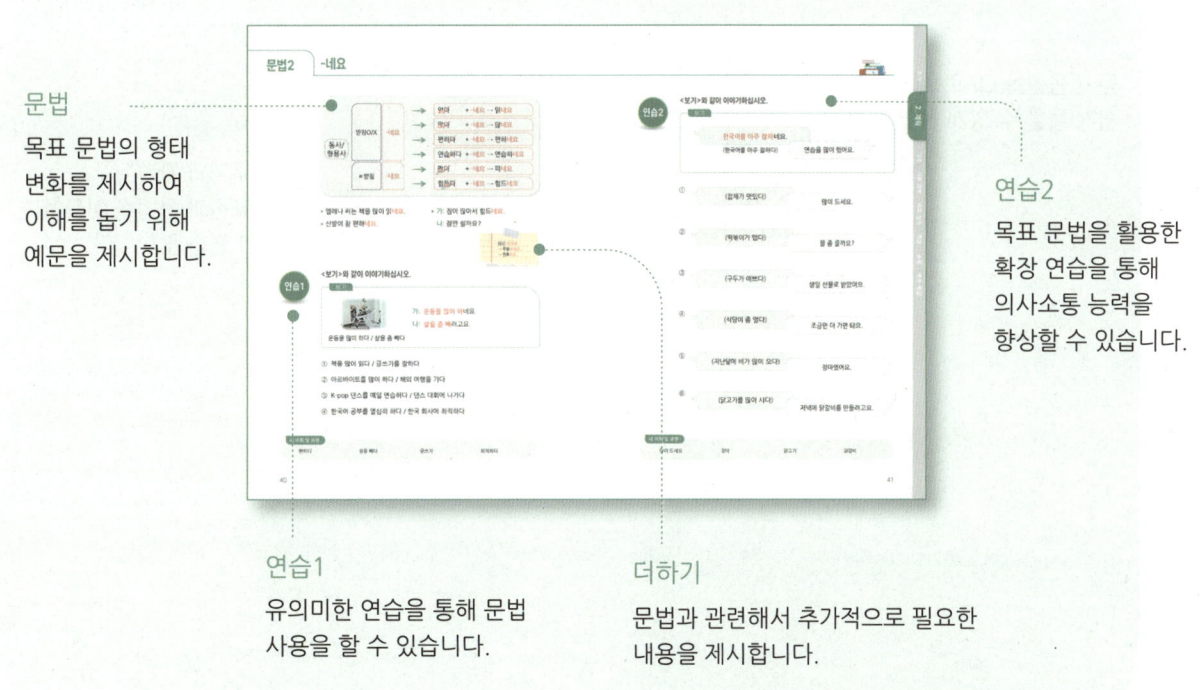

연습2
목표 문법을 활용한
확장 연습을 통해
의사소통 능력을
향상할 수 있습니다.

연습1
유의미한 연습을 통해 문법
사용을 할 수 있습니다.

더하기
문법과 관련해서 추가적으로 필요한
내용을 제시합니다.

< 활동 >

각 과의 주제와 관련된 듣고 말하기, 읽고 말하기, 쓰고 발표하기 활동으로 구성되어 있습니다.

듣고 말하기

듣기1
주제와 관련된
어휘 및 문법을 확인하는
듣기를 합니다.

듣기2
주제와 관련된 담화를 듣고
내용을 확인하는 문제를 제시합니다.

듣기 음원
듣기 음원을 QR로 제시하여
쉽게 들을 수 있게 하였습니다.

말하기
듣기 주제와 관련된
핵심 표현과 문법을 이용하여
말하기 연습을 합니다.

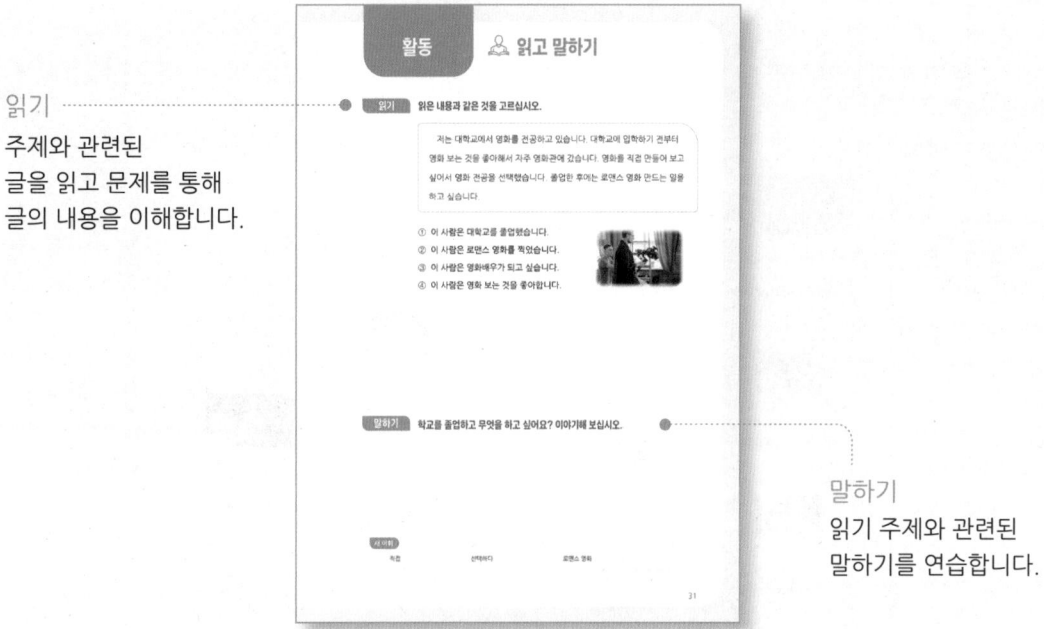

읽고 말하기

읽기
주제와 관련된
글을 읽고 문제를 통해
글의 내용을 이해합니다.

말하기
읽기 주제와 관련된
말하기를 연습합니다.

쓰고 발표하기

쓰기
학습한 주제와
목표 문법을 활용하여
주제와 관련된
쓰기 연습을 합니다.

발표하기
쓰기 후 발표 활동을 통해
발표력을 향상시킵니다.

< 문화 >

주제와 관련된 한국 문화를 사진과 간단한 설명을 제시하여 이해하기 쉽게 하였습니다.

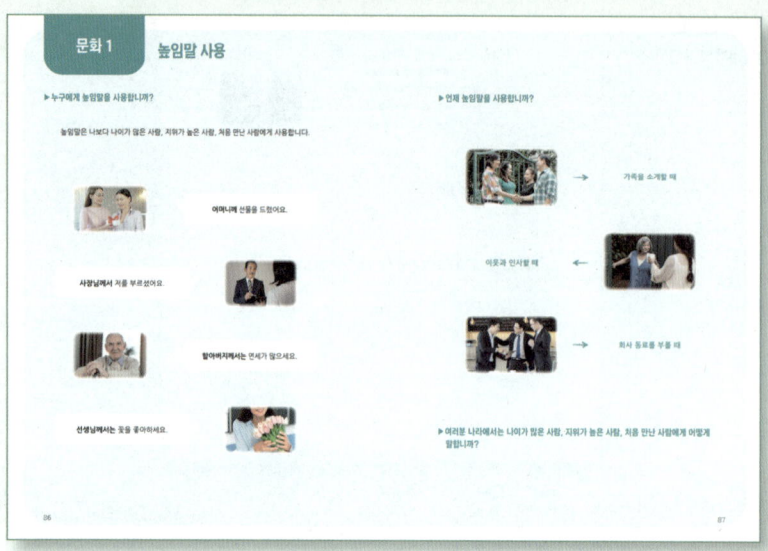

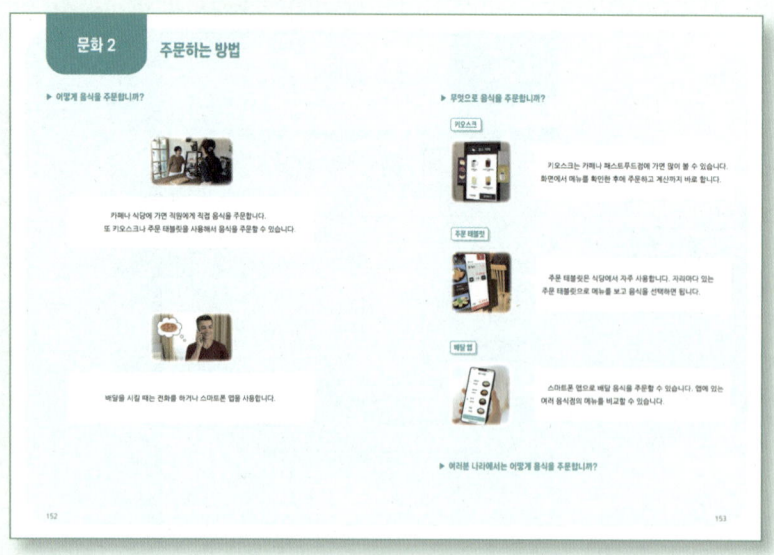

〈 정답 및 예시 〉

듣기, 읽기 활동의 정답을 확인할 수 있습니다.

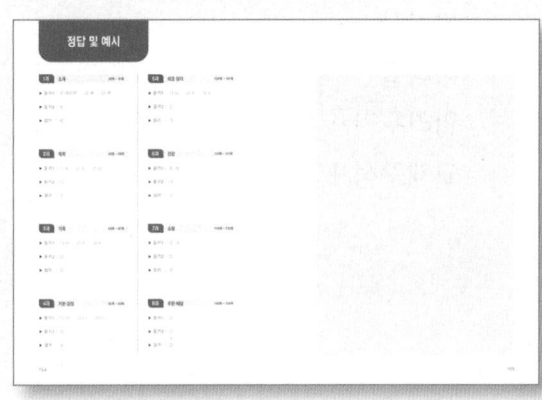

〈 듣기 지문 〉

각 과의 듣기 지문을 제공하였습니다.

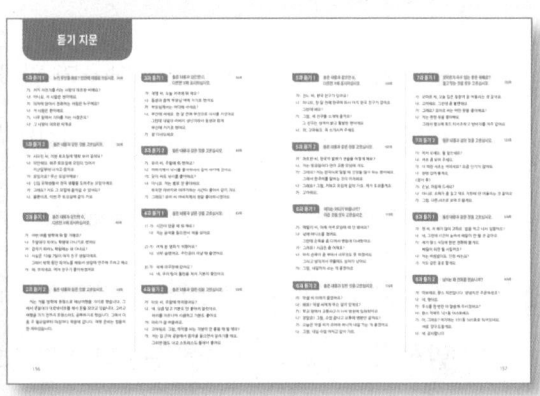

〈 어휘·표현 색인 〉

교재에 나온 주요 어휘를 해당 과의 쪽수와 함께 제시하였습니다.

목차

발간사		6
머리말		7
일러두기		8
교재구성표		16

9과 안부
- 말하기 1 네 소식은 SNS로 잘 보고 있어. — 21
- 말하기 2 그동안 너무 바빴는데 지금은 좀 쉬고 있어. — 27

10과 학교 시설
- 말하기 1 필요한 책이 있는데 누가 빌려 간 것 같아. — 37
- 말하기 2 여기에서 기다리다가 시간이 되면 스터디 룸으로 옮기자. — 41

11과 우체국과 은행
- 말하기 1 비행기가 배보다 빠르기 때문에 가격이 비쌉니다. — 53
- 말하기 2 교통비를 할인받거나 쇼핑 포인트도 쌓을 수 있어요. — 57

12과 예약
- 말하기 1 토요일 3시에 예약할까 하는데 가능해요? — 69
- 말하기 2 예약 시간에 늦을까 봐 걱정이에요. — 73

문화 3 예약하는 방법 — 82

13과 집	말하기 1	부엌이 좁아서 요리하기가 좀 불편했어.	87
	말하기 2	엘리베이터가 있었으면 좋겠어요.	91
14과 한국 생활	말하기 1	한국에 온 지 얼마 안 돼서 몰랐어요.	103
	말하기 2	고향에 돌아가기 전에 꼭 해 보고 싶은 일이 있어요?	109
15과 축제	말하기 1	1등을 하면 상품에다가 상금도 받을 수 있어요.	119
	말하기 2	일할 때 입을 전통 의상이에요.	125
16과 실수와 경험	말하기 1	생선을 사러 시장에 갈 뻔했네요.	139
	말하기 2	수저를 못 찾아서 당황한 적이 있어요.	145
문화 4	한국 생활에 도움이 되는 사이트		152

부록	정답 및 예시	154
	듣기 지문	156
	어휘 · 표현 색인	160
	출처 표기	164

단원	주제	어휘 및 표현	말하기	문법
9과	안부	· 안부 관련 표현 · 근황 관련 표현 · 동사/형용사 -아/어/해. · 동사/형용사 -는/(으)ㄴ데 동사/형용사 -아/어/해.	▶ 네 소식은 SNS로 잘 보고 있어. ▶ 그동안 너무 바빴는데 지금은 좀 쉬고 있어.	· 반말1(-아/어/해) · 반말2(-자, -지, -(으)ㄹ래, -(으)ㄹ까) · -는/(으)ㄴ데 (대조)
10과	학교 시설	· 도서관 관련 표현 · 학교 시설 관련 표현 · 동사/형용사 -는/(으)ㄴ데 동사 -(으)ㄹ까요? · 동사/형용사 -는/(으)ㄴ데 동사 -아/어/해 주세요 · 동사 -다가 동사/형용사 -(으)면 동사 -(으)세요 · 동사 -다가 동사 -아/어/해서 -았/었/했어요	▶ 필요한 책이 있는데 누가 빌려 간 것 같아. ▶ 여기에서 기다리다가 시간이 되면 스터디 룸으로 옮기자.	· -는/(으)ㄴ데 (배경) · -는다/ㄴ다, -다. · -다가
11과	우체국과 은행	· 우체국 관련 표현 · 은행 관련 표현 · 동사 -기 때문에 동사 -아/어/해요 · 동사 -거나 동사 -아/어/해요	▶ 비행기가 배보다 빠르기 때문에 가격이 비쌉니다. ▶ 교통비를 할인받거나 쇼핑 포인트도 쌓을 수 있어요.	· -기 때문에 · -거나, (이)나 · -(으)ㄹ 것 (명령)
12과	예약	· 예약 관련 표현 · 예약 취소·변경 · 동사 -(으)ㄹ까 하는데요 · 동사 -(으)ㄹ까 봐 동사 -아/어/해요	▶ 토요일 3시에 예약할까 하는데 가능해요? ▶ 예약 시간에 늦을까 봐 걱정이에요.	· -(으)ㄹ까 하다 · -(으)ㄹ까 봐 · -는 동안(에)
문화 3	예약하는 방법			
13과	집	· 집의 구조 · 집의 특징 · 동사 -기(가) 형용사 · 동사/형용사 -고 동사/형용사 -았/었/했으면 좋겠어요 · 동사/형용사 -아/어/해서 동사 -(으)ㄹ 수밖에 없었어요	▶ 부엌이 좁아서 요리하기가 좀 불편했어. ▶ 엘리베이터가 있었으면 좋겠어요.	· -기 · -았/었/했으면 좋겠다 · -(으)ㄹ 수밖에 없다
14과	한국 생활	· 한국 생활 관련 표현1 · 한국 생활 관련 표현2 · 동사 -(으)ㄴ 지 명사 이/가 됐어요 · 동사/형용사 -아/어/해서 동사 -게 됐어요	▶ 한국에 온 지 얼마 안 돼서 몰랐어요. ▶ 고향에 돌아가기 전에 꼭 해 보고 싶은 일이 있어요?	· -(으)ㄴ 지 · -게 되다 · -기는요
15과	축제	· 축제 관련 표현1 · 축제 관련 표현2 · 동사/형용사 -(으)니까 동사 -는 게 어때요? · 정말 동사/형용사 -군요	▶ 1등을 하면 상품에다가 상금도 받을 수 있어요 ▶ 일할 때 입을 전통 의상이에요.	· -는 게 어때요? · 에다가 · -(는)군요 · -(으)ㄹ
16과	실수와 경험	· 실수 관련 표현 · 실수 관련 경험 · 동사/형용사 -아/어/해서 동사 -(으)ㄹ 뻔했어요 · 동사 -(으)ㄴ 적이 있어요	▶ 생선을 사러 시장에 갈 뻔했네요. ▶ 수저를 못 찾아서 당황한 적이 있어요.	· -았/었/했을 때 · -(으)ㄹ 뻔하다 · -(으)ㄴ 적이 있다/없다
문화 4	한국 생활에 도움이 되는 사이트			

교재구성표

	활동		
더하기	듣고 말하기	읽고 말하기	쓰고 발표하기
· [이름]아/야	· 안부 묻는 대화를 듣고 이해하기1 · 안부 묻는 대화를 듣고 이해하기2 · 친구의 안부 묻기	· 휴대폰 메시지를 읽고 이해하기 · 근황에 대해서 말하기	· SNS에 근황을 올리고 댓글 달기
	· 학교 편의 시설 관련 대화 듣고 이해하기1 · 학교 편의 시설 관련 대화 듣고 이해하기2 · 학교 편의 시설 말하기	· 도서관 이용 안내문 읽고 이해하기 · 자주 이용하는 학교 시설 말하기	· 학교 편의 시설을 소개하는 글 쓰고 발표하기
· '르' 불규칙	· 은행에서 돈을 찾는 방법 듣고 이해하기 · 우체국에서 택배를 보내는 대화 듣고 이해하기 · 현금 인출기(ATM) 이용 방법에 대해서 말하기	· 출입국·외국인사무소 이용 안내 읽고 이해하기 · 공공기관 이용 방법 말하기	· 공공기관 이용 안내문 쓰고 발표하기
	· 예약 방법 대화 듣고 이해하기 · 예약 변경 대화 듣고 이해하기 · 식당 예약하기	· 예약 안내문 읽고 이해하기 · 예약 변경하기	· 예약 신청 이유 쓰고 발표하기
	· 지금 살고 있는 집에 대해서 듣고 이해하기 · 룸메이트를 구하는 대화 듣고 이해하기 · 살고 싶은 집에 대해서 말하기	· 룸메이트를 구하는 글 읽고 이해하기 · 함께 살고 싶은 룸메이트에 대해서 말하기	· 룸메이트와 공동 생활 규칙을 정하고 발표하기
· 덕분에	· 한국에 온 이유 듣고 이해하기 · 한국 생활 관련 인터뷰 듣고 이해하기 · 한국 생활 인터뷰하기	· 한국 생활 관련 글 읽고 이해하기 · 한국 생활을 잘하는 방법 소개하기	· 한국 생활에 대해서 쓰고 발표하기
	· 축제에 대해서 듣고 이해하기1 · 축제에 대해서 듣고 이해하기2 · 자기 나라의 축제에 대해서 소개하기	· 축제 참여 경험에 대한 글 읽고 이해하기 · 축제 참여 경험에 대해서 말하기	· 만들고 싶은 축제에 대해서 쓰고 발표하기
	· 실수 관련 경험을 듣고 이해하기 · 교통약자석에 대한 생각을 듣고 이해하기 · 기억에 남은 실수에 대해서 말하기	· 한국 문화에 관한 글 읽고 이해하기 · 한국과 자신의 나라와의 문화 차이에 대해서 말하기	· 한국에서 실수한 경험에 대해서 쓰고 발표하기

학습 목표

안부를 묻고 근황에 대해서 이야기할 수 있다.

어휘 및 표현 1

· 안부 관련 표현
· 동사/형용사 -아/어/해.

말하기 1

네 소식은 SNS로 잘 보고 있어.

문법

· 반말1 (-아/어/해)
· 반말2 (-자, -지, -(으)ㄹ래, -(으)ㄹ까)

어휘 및 표현 2

· 근황 관련 표현
· 동사/형용사 -는/(으)ㄴ데 동사/형용사 -아/어/해.

말하기 2

그동안 너무 바빴는데 지금은 좀 쉬고 있어.

문법

· -는/(으)ㄴ데 (대조)

활동

듣고 말하기	· 안부 묻는 대화를 듣고 이해하기1 · 안부 묻는 대화를 듣고 이해하기2 · 친구의 안부 묻기
읽고 말하기	· 휴대폰 메시지를 읽고 이해하기 · 근황에 대해서 말하기
쓰고 발표하기	· SNS에 근황을 올리고 댓글 달기

9과 안부

어휘 및 표현 1

안부 관련 표현

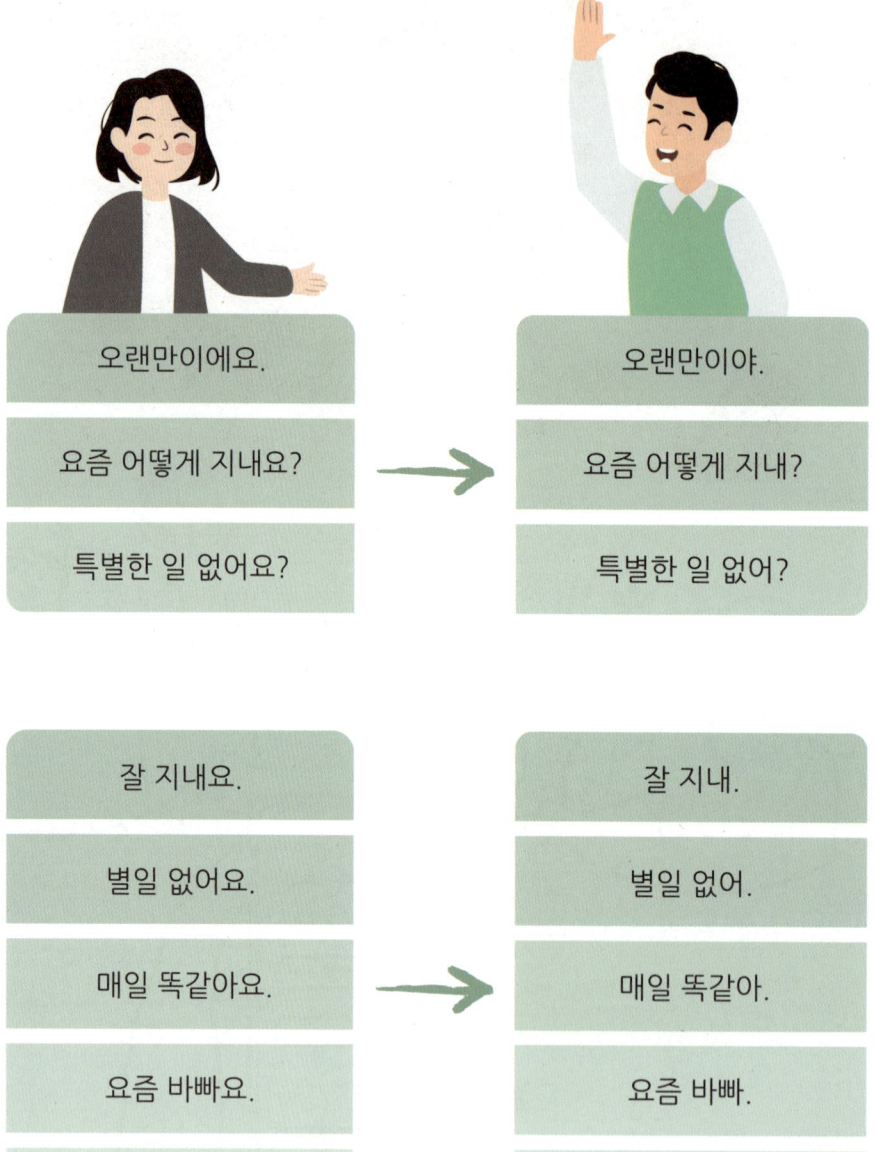

말하기 1
네 소식은 SNS로 잘 보고 있어.

엘레나: 시영아, 여기야.
시영: 엘레나, 오랜만이야. 그런데 한국에는 무슨 일이야?
엘레나: 요즘 한국 문화를 소개하는 영상 콘텐츠를 만들고 있어. 그래서 한국에 잠시 왔어.
시영: 네 소식은 SNS로 잘 보고 있어. 너 정말 대단해.
엘레나: 고마워. 너도 잘 지내지?
시영: 응, 이번에 여자 친구가 생겨서 너무 행복해.
엘레나: 와, 정말 축하해.

> **이름아/야**
> 친한 사람이나 나이가 어린 사람의 이름을 부를 때 사용
> 예) 시영 씨 → 시영아
> 　　수지 씨 → 수지야

- 엘레나는 왜 한국에 왔어요?
- 시영에게 무슨 일이 있었어요?

새 어휘 및 표현

영상 콘텐츠　　잠시　　대단하다　　여자 친구가 생기다

문법1 | 반말1(-아/어/해)

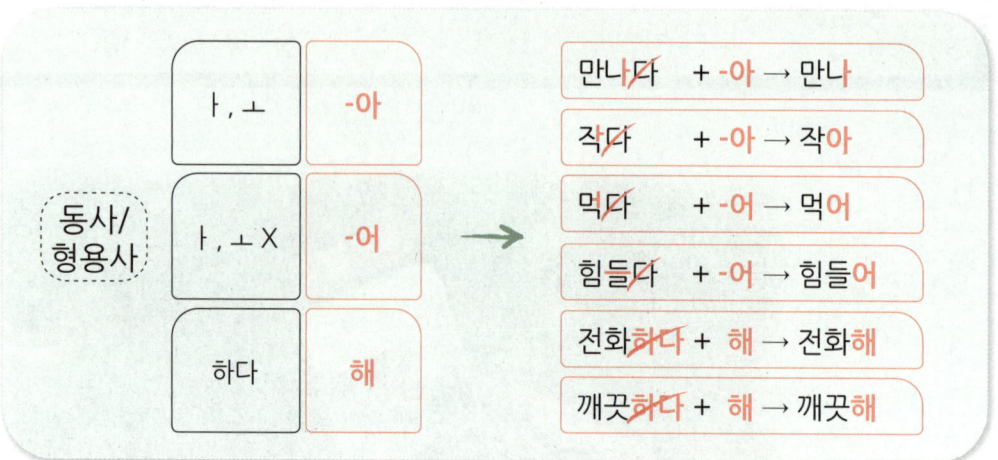

▶ 내 동생은 키가 작아.
▶ 학교 앞에 오면 전화해.

▶ 가: 요즘 어떻게 지냈어?
　나: 일이 너무 많아서 바빴어.

명사(이)에요 → 명사(이)야
예) 이건 제 책이에요. → 이건 내 책이야.
　　제 친구는 의사예요. → 내 친구는 의사야.

연습1

<보기>와 같이 이야기하십시오.

보기

학교 다니면서 잘 지내다

가: 요즘 어떻게 지내?
나: 학교 다니면서 잘 지내.

① 특별한 일이 없다

② 매일 일만 하고 똑같다

③ 회사에 일이 많아서 힘들다

④ 곧 시험이 있어서 요즘 바쁘다

⑤ 이사 가려고 집을 알아보고 있다

 **<보기>와 같이 이야기하십시오.**

보기

어제 뭐 했어?

휴일이라서 그냥 집에 있었어.
(휴일이라서 그냥 집에 있다)

① 친구 생일 선물로 이 신발은 어때?

(디자인도 예쁘고 편할 것 같다)

② 화장실은 어디에 있어?

(방을 나가서 오른쪽으로 가면 있다)

③ 부산에 뭐 타고 갈 거야?

(비행기를 타고 갈 것이다)

④ 졸업한 후에 뭐 할 거야?

(한국에 유학을 가려고 하다)

⑤ 그 사진에 있는 사람은 누구야?

(고등학교 친구이다)

문법2 반말2(-자, -지, -(으)ㄹ래, -(으)ㄹ까)

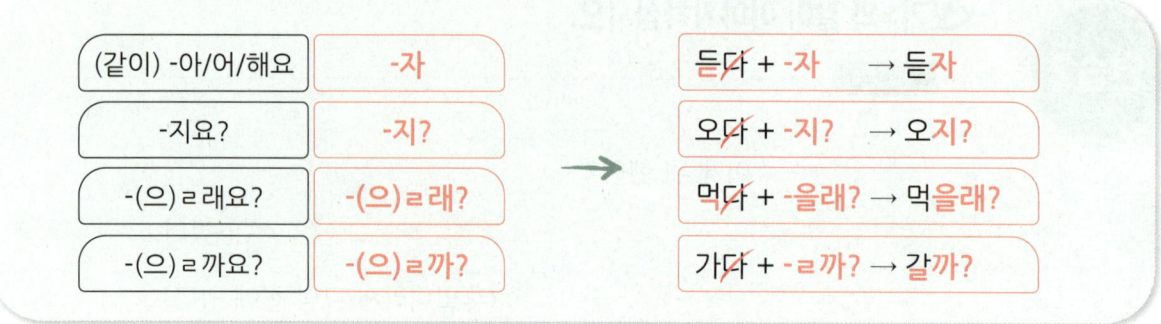

▸ 같이 점심 먹을래?

▸ 너 다음 주 모임에 오지?

▸ 가: 이번 방학에 같이 여행 갈까?
  나: 좋아. 제주도에 가자.

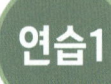

<보기>와 같이 이야기하십시오.

보기

가: 언제 한번 봐요.
나: 그래요. 다음 주에 만나요.

→

가: 언제 한번 볼까?
나: 그래. 다음 주에 만나자.

① 가: 이따가 커피 한잔해요.
   나: 오늘은 바쁘니까 내일 마셔요.

② 가: 주말에 같이 영화 보러 가요.
   나: 좋아요. 영화관 앞에서 만나요.

③ 가: 잘 지내고 있지요?
   나: 요즘 일이 많아서 바빠요.

④ 가: 한국 생활이 힘들지요?
   나: 친구들이 도와줘서 괜찮아요.

⑤ 가: 음식을 사 올까요?
   나: 제가 전화로 주문할게요.

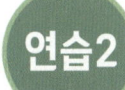 **<보기>의 대화를 반말로 바꿔서 이야기하십시오.**

보기

가: 타오 씨, 지금 통화 괜찮아요?
나: 네, 괜찮아요. 무슨 일이에요?
가: 콘서트 보는 거 좋아하지요?
나: 네, 좋아해요. 그런데 왜요?
가: 주말에 하는 콘서트 표가 있어요. 같이 갈래요?
나: 좋아요. 같이 가요.

가: 타오, 지금 통화 괜찮아?
나: 응, ① _____. 무슨 ② _____?
가: 콘서트 보는 거 ③ _____?
나: ④ _____. 그런데 왜?
가: 주말에 하는 콘서트 표가 있어. ⑤ _____?
나: 좋아. ⑥ _____.

새 표현

지금 통화 괜찮아요?

어휘 및 표현 2

근황 관련 표현

회사를 옮기다

휴가를 다녀오다

일을 잠시 쉬고 있다

아르바이트를 시작하다

남자/여자 친구가 생기다

남자/여자 친구와 헤어지다

말하기 2
그동안 너무 바빴는데 지금은 좀 쉬고 있어.

악셀: 민정아, 요즘 어떻게 지내?
민정: 요즘 아르바이트를 하나 더 시작해서 좀 정신이 없어.
악셀: 그럼, 많이 바쁘겠네.
민정: 응, 조금 바빠.
악셀: 그래도 건강은 좀 챙겨.
민정: 고마워. 너는 별일 없지?
악셀: 응, 그동안 너무 바빴는데 지금은 좀 쉬고 있어.
    그래서 쉬는 동안에 고향에 다녀오려고 해.
민정: 그래. 고향에 다녀온 후에 같이 밥 한번 먹자.

- 민정은 요즘 어떻게 지내요?
- 악셀은 요즘 어떻게 지내요?

새 표현

정신이 없다

문법1 -는/(으)ㄴ데 (대조)

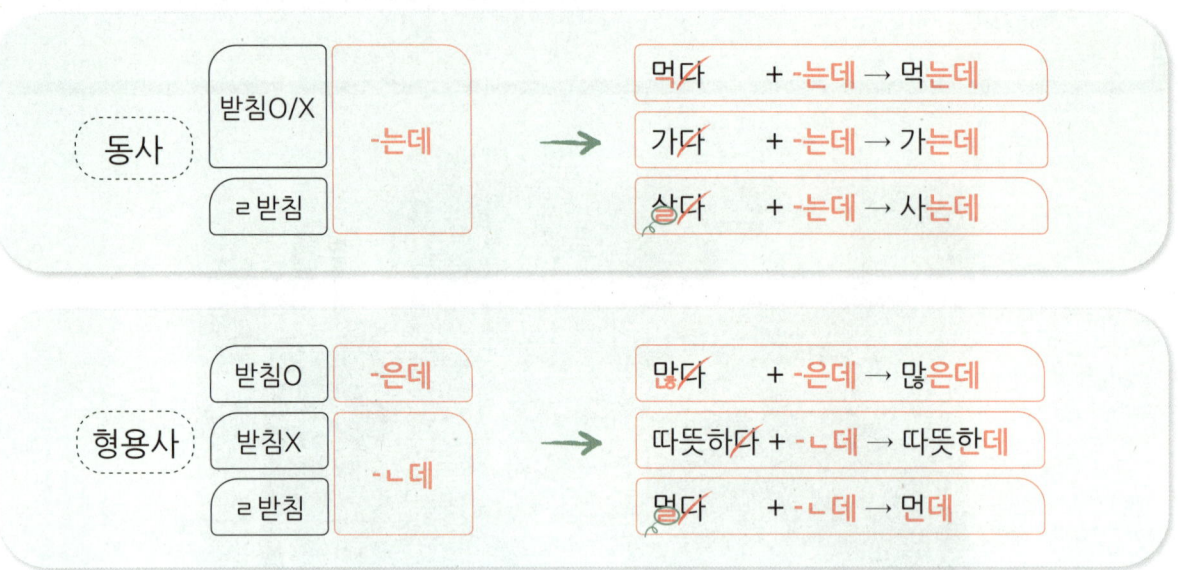

▶ 소고기는 먹는데 돼지고기는 안 먹어요.
▶ 날씨는 따뜻한데 바람이 많이 불어요.

▶ 가: 요즘 피곤해?
　 나: 일이 많은데 피곤하지 않아.

연습1

<보기>와 같이 이야기하십시오.

보기

회사에 일은 많다, 월급은 적다
→ 회사에 일은 많은데 월급은 적어요.

① 요즘 낮에는 덥다, 저녁에는 쌀쌀하다

② 버스 정류장은 멀다, 지하철역은 가깝다

③ 이번 주는 일이 바쁘다, 다음 주는 한가하다

④ 첸은 외국 사람이다, 한국어를 잘하다

⑤ 지금 시험 기간이다, 도서관에 사람이 없다

새 어휘
　월급

 **〈보기〉와 같이 이야기하십시오.**

보기

한국어 말하기는 많이 늘었어?

연습을 많이 했는데 지금도 어려워.
(연습을 많이 하다, 지금도 어렵다)

① 어제 잠을 못 잤어?

아니, (잠은 많이 자다, 피곤하다)

② 이 드라마를 봤어?

(보고 싶다, 시간이 없어서 못 보다)

③ 전부터 유이 씨를 알았어?

(얼굴은 알다, 이름은 모르다)

④ 부모님과 어제 통화했어?

(어머니와 통화하다, 아버지와는 못 하다)

⑤ 전에 강아지를 키웠어?

응, (고등학교 때 키우다, 지금은 안 키우다)

새 어휘

통화하다   고등학교   키우다

활동 　듣고 말하기

듣기 1　여자의 현재 근황을 고르십시오.

9-1

① 　②

③ 　④

듣기 2　들은 내용과 같은 것을 고르십시오.

9-2

① 여자는 일찍 잡니다.
② 남자는 요즘 잠을 잘 못 잤습니다.
③ 여자는 룸메이트가 바뀌었습니다.
④ 남자는 밤늦은 시간까지 게임을 합니다.

말하기　여러분의 친구는 요즘 어떻게 지내요? 친구에게 안부를 물어보십시오.

새 어휘

밤늦다

활동  읽고 말하기

읽기 읽은 내용과 같은 것을 고르십시오.

① 타오는 마르완을 못 만납니다.
② 타오는 엘레나에게 연락합니다.
③ 마르완은 7시까지 식당으로 갑니다.
④ 마르완은 타오에게 맛집 주소를 보냅니다.

말하기 여러분은 요즘 어떻게 지내요? 근황에 대해서 이야기해 보십시오.

활동  쓰고 발표하기

쓰기 자신의 근황을 SNS에 올리고 친구의 SNS 근황에 댓글을 써 보십시오.

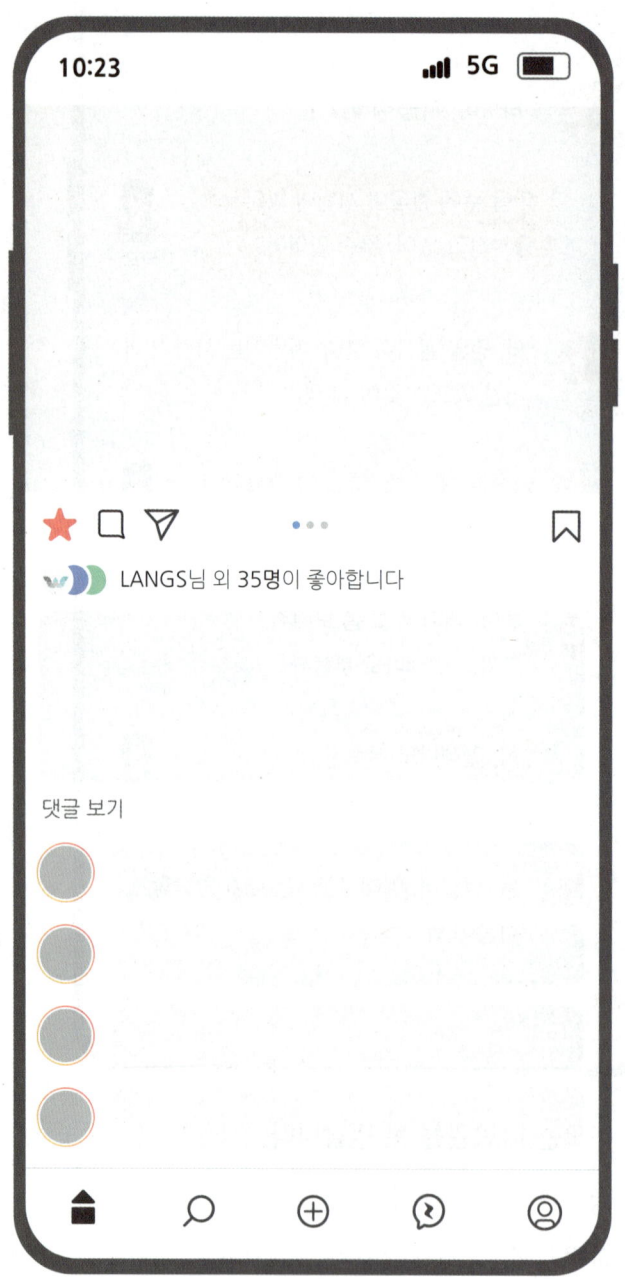

발표하기 쓴 글을 발표해 보십시오.

학습 목표

학교 시설 이용에 대해서 이야기할 수 있다.

어휘 및 표현 1

· 도서관 관련 표현
· 동사/형용사 -는/(으)ㄴ데 동사 -(으)ㄹ까요?
· 동사/형용사 -는/(으)ㄴ데 동사 -아/어/해 주세요

말하기 1

필요한 책이 있는데 누가 빌려 간 것 같아.

문법

· -는/(으)ㄴ데 (배경)

어휘 및 표현 2

· 학교 시설 관련 표현
· 동사 -다가 동사/형용사 -(으)면 동사 -(으)세요
· 동사 -다가 동사 -아/어/해서 동사 -았/었/했어요

말하기 2

여기에서 기다리다가 시간이 되면 스터디 룸으로 옮기자.

문법

· -는다/ㄴ다, -다.
· -다가

활동

듣고 말하기	· 학교 편의 시설 관련 대화 듣고 이해하기1
	· 학교 편의 시설 관련 대화 듣고 이해하기2
	· 학교 편의 시설 말하기
읽고 말하기	· 도서관 이용 안내문 읽고 이해하기
	· 자주 이용하는 학교 시설 말하기
쓰고 발표하기	· 학교 편의 시설을 소개하는 글 쓰고 발표하기

10과 학교 시설

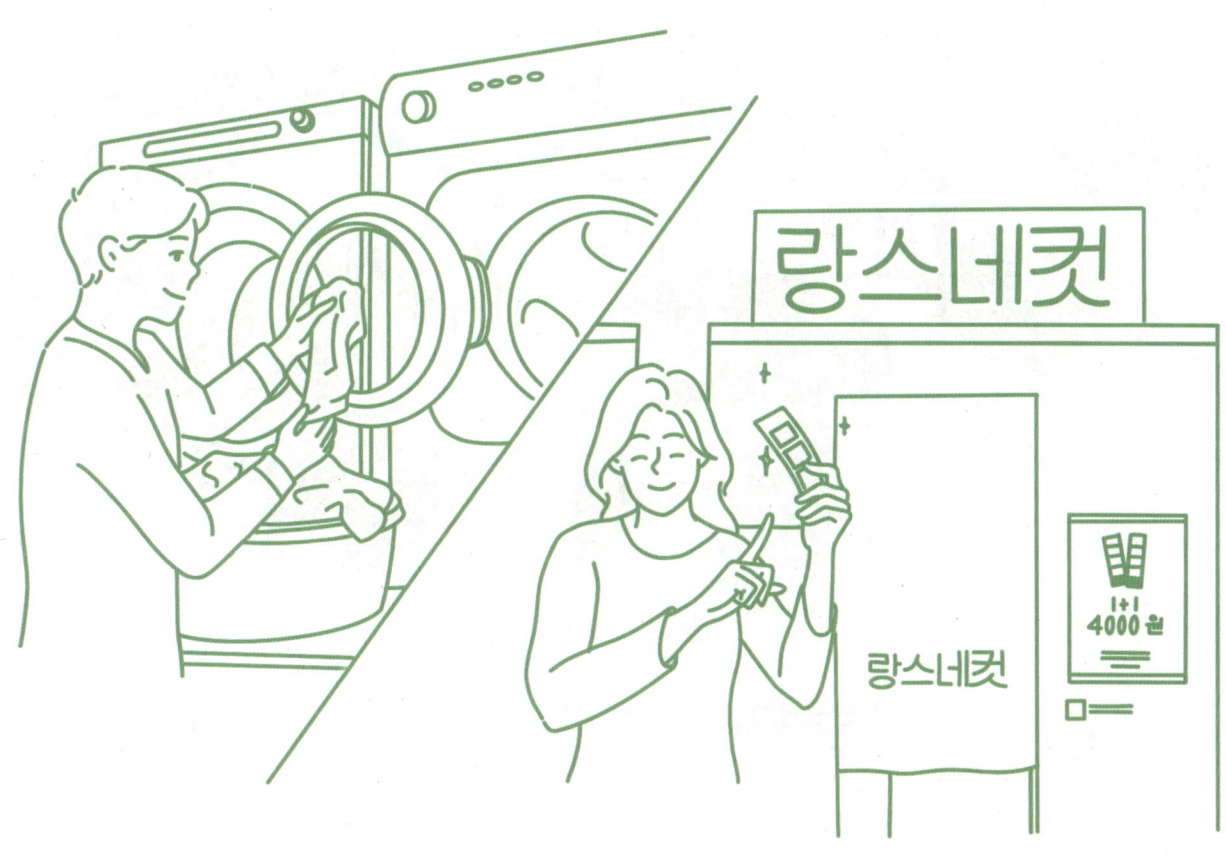

어휘 및 표현 1

도서관 관련 표현

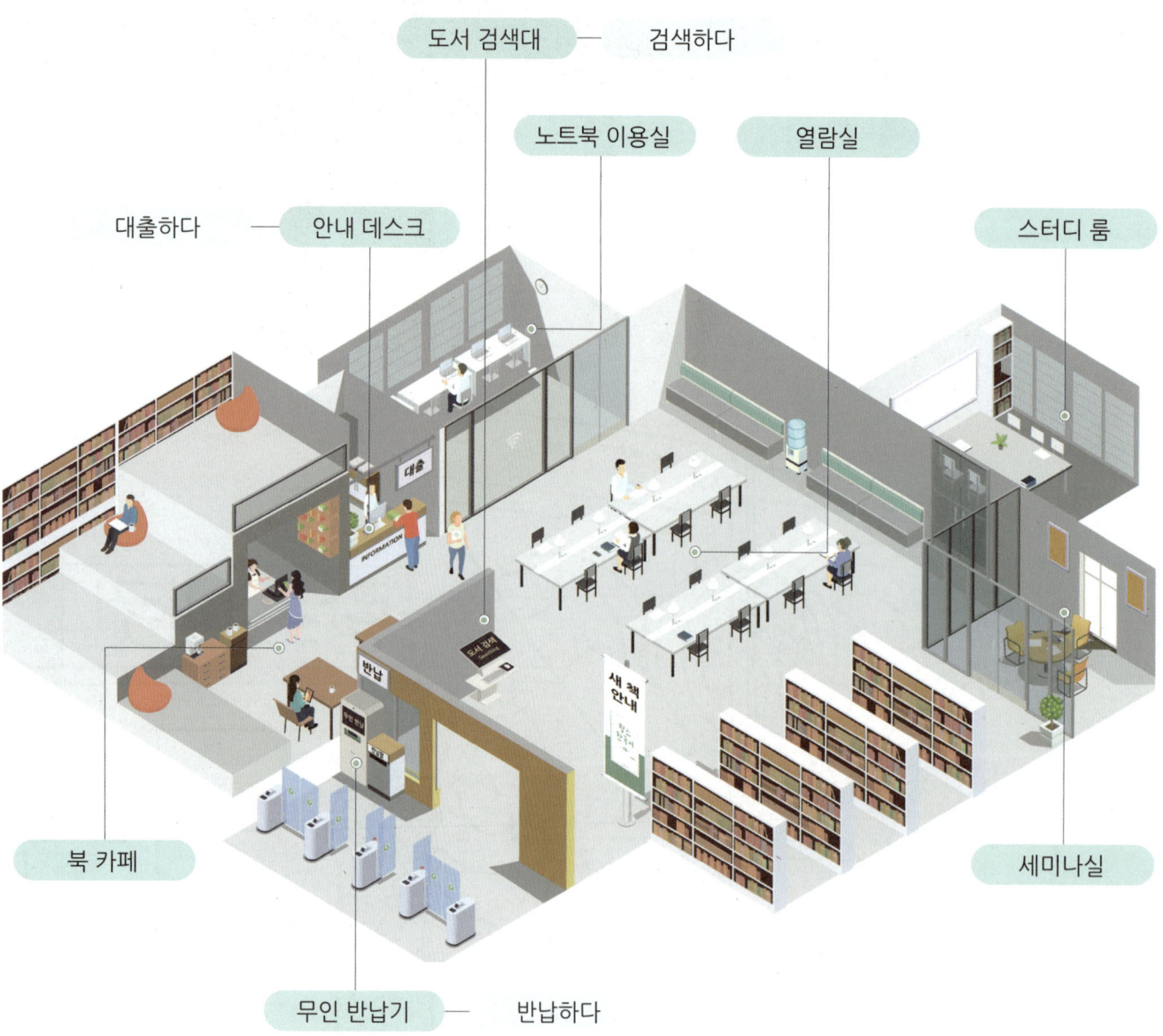

말하기 1
필요한 책이 있는데 누가 빌려 간 것 같아.

샤오민: 발표 자료 만들 때 필요한 책이 있는데 누가 빌려 간 것 같아.
마이클: 그럼, 책을 예약해 봐.
　　　　그 책이 반납되면 도서관에서 너에게 안내 문자가 올 거야.
샤오민: 그래? 참 편리하네. 그건 어디에서 예약하면 돼?
마이클: 도서관 홈페이지에서 할 수 있으니까 같이 해 보자. 내가 가르쳐 줄게.
샤오민: 마이클, 고마워.

- 샤오민은 도서관에서 무엇을 하고 있어요?
- 찾는 책이 없을 때 어떻게 해요?

새 어휘 및 표현

발표 자료　　　　빌려 가다　　　　반납되다　　　　안내 문자

문법1 -는/(으)ㄴ데 (배경)

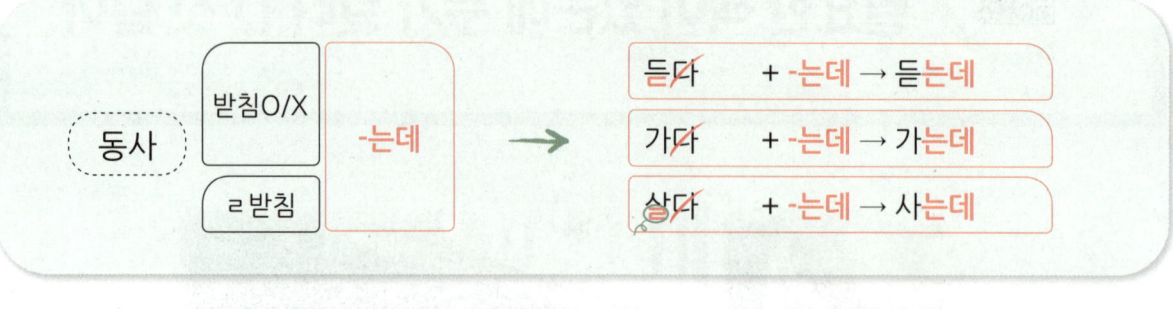

▶ 저는 K-팝을 자주 듣는데 유이 씨는 어때요?
▶ 학생증이 필요한데 집에 두고 왔어요.

▶ 가: 식당이 좀 먼데 택시를 탈까요?
　나: 그래요. 좋아요.

연습1

<보기>와 같이 이야기하십시오.

보기

이 책을 찾고 있다 /
저기에서 제목을 검색하다

가: 이 책을 찾고 있는데 어떻게 해야 해요?
나: 저기에서 제목을 검색하면 돼요.

① 열람실에 자리가 없다 / 북 카페에서 공부하다

② 모임 장소가 필요하다 / 스터디 룸을 이용하다

③ 내일 도서관이 문을 닫다 / 무인 반납기로 반납하다

④ 세미나실을 빌리고 싶다 / 도서관 홈페이지에서 예약하다

⑤ 노트북을 사용하려고 하다 / 2층 노트북 이용실로 올라가다

새 어휘

제목

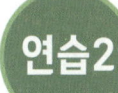 <보기>와 같이 이야기하십시오.

보기1

저한테 그 책이 있는데 빌려줄까요?
(저한테 그 책이 있다, 빌려주다)

정말 고마워요.

보기2

반납 날짜를 모르는데 좀 알려 주세요.
(반납 날짜를 모르다, 알리다)

15일까지 반납해 주세요.

① (너무 피곤하다, 커피를 한잔하다)?

1층에 북 카페가 있으니까 거기로 가요.

② (다른 곳은 자리가 없다, 여기에 앉다)?

네, 여기에 앉아요.

③ (말하기 대회가 열리다, 같이 대회에 나가다)?

좋아요, 저도 나가 보고 싶었어요.

④ (칠판 글씨가 잘 안 보이다, 다시 쓰다).

그래요? 다시 써 줄게요.

⑤ (조금 시끄럽다, 조용히 하다).

죄송합니다.

⑥ (가방이 무겁다, 저기까지 좀 들다).

네, 제가 도와 드릴게요.

어휘 및 표현 2

학교 시설 관련 표현

이용 시간

이용 방법

이용 방법을 묻다

안내문을 읽다

안내문을 확인하다

주의 사항을 확인하다

말하기 2
여기에서 기다리다가 시간이 되면 스터디 룸으로 옮기자.

마이클: 여기 너무 시끄러운데 우리 도서관 스터디 룸으로 갈까?
샤오민: 그래. 좋은 생각이야. 그런데 바로 이용할 수 있어?
마이클: 응, 우선 확인해 봐야 돼. 잠깐만 기다려 봐.

〈잠시 후〉

마이클: 아! 있다. 한 시간 후에 이용할 수 있는데 예약할까?
샤오민: 좋아. 우리 여기에서 기다리다가 시간이 되면 스터디 룸으로 옮기자. 그런데 몇 시간 정도 이용할 수 있어?
마이클: 하루에 3시간 이용할 수 있어.
샤오민: 그래? 그 정도면 충분하겠다.

발음
충분하겠다
[충분하겓따]

- 두 사람은 왜 스터디 룸을 예약했어요?
- 스터디 룸은 하루에 몇 시간 이용할 수 있어요?

새 어휘

우선　　　　옮기다　　　　충분하다

문법1 -는다/ㄴ다, -다.

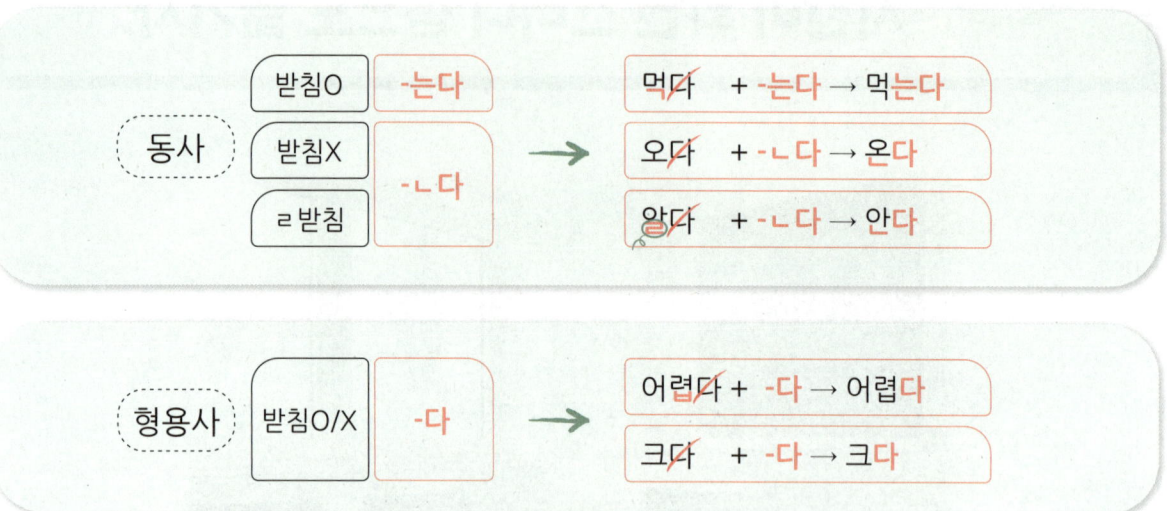

▶ 가격이 싸기 때문에 학생 식당에서 점심을 먹는다.
▶ 이번 학교 축제에는 유명한 가수가 공연하러 온다.
▶ 스터디 룸은 인기가 많아서 예약이 어렵다.
▶ 도서관 휴게실은 기숙사 휴게실보다 크다.

연습1

<보기>와 같이 이야기하십시오.

보기
저는 학교 근처 지하철역까지 셔틀버스를 타고 갑니다.
→ 나는 학교 근처 지하철역까지 셔틀버스를 타고 간다.

① 기숙사 신청은 학기가 시작하기 전에 받습니다.

② 학교 스포츠 센터는 일요일에 문을 열지 않습니다.

③ 스터디 룸을 이용하기 전에 주의 사항을 확인합니다.

④ 시험 기간에는 학교 도서관이 복잡합니다.

⑤ 방학에는 세미나실을 이용하는 사람이 많지 않습니다.

새 어휘 및 표현

셔틀버스   학기가 시작하다

10. 학교 시설

연습2 <보기>와 같이 이야기하십시오.

> 보기
>
> **밖에 비 온**다. 에밀리, 우산 가져왔어?
> (밖에 비 오다)
>
> 응, 가져왔어.

① 선생님, 죄송해요. 내일은 꼭 일찍 올게요.

　내일도 (늦으면 안 되다).

② 할머니, 어디 가세요?

　(스포츠 센터에 운동하러 가다).

③ (날씨가 참 따뜻하다).

　그러네. 이제 정말 봄이다.

④ 내 남자/여자 친군데 어때?

　(멋있다). 어디에서 만났어?

⑤ 이 옷은 어때? 너한테 잘 어울리겠다.

　(정말 예쁘다). 입어 볼까?

문법2 -다가

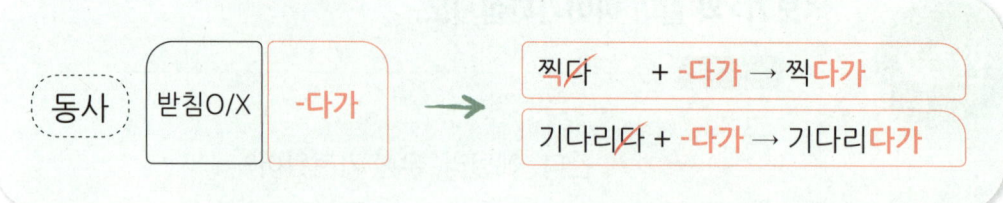

- 댄스 동영상을 찍다가 휴대폰이 꺼졌어요.
- 저는 보통 학생 휴게실에서 쉬다가 수업을 들으러 가요.
- 가: 오마르 씨는 만났어요?
  나: 아니요, 기다리다가 그냥 왔어요.

연습1

<보기>와 같이 이야기하십시오.

보기

가: 설명을 듣다가 모르면 물어보세요.
나: 네, 알겠습니다.

설명을 듣다, 모르다, 물어보다

① 유학 생활을 하다, 힘들다, 연락하다

② 신청서를 쓰다, 잘 안되다, 이야기하다

③ 밖에서 기다리다, 이름을 부르다, 들어오다

④ 자료를 찾다, 어렵다, 안내 데스크에서 도움을 받다

⑤ 스터디 룸을 이용하다, 이용 시간이 끝나다, 나가다

새 어휘

안되다

연습2

<보기>와 같이 이야기하십시오.

보기1
- 어디에서 악셀 씨를 만났어요?
- 공원에 가다가 악셀 씨를 만났어요.
- (공원에 가다, 악셀 씨를 만나다)

보기2
- 지난번에 빌린 책은 어땠어요?
- 책을 읽다가 재미없어서 바로 반납했어요.
- (책을 읽다, 재미없다, 바로 반납하다)

① 휴대폰은 찾았어요?
　네, (청소하다, 침대 밑에서 찾다)

② 마이클 씨, 다리를 다쳤어요?
　어제 (계단을 내려가다, 계단에서 미끄러지다)

③ 태권도를 배웠어요?
　네, 그런데 (어릴 때 배우다, 시간이 없다, 그만두다)

④ 왜 휴대폰이 고장이 났어요?
　(가방에서 꺼내다, 떨어지다, 고장이 나다)

⑤ 타오 씨, 어제 왜 전화했어요?
　(문제를 풀다, 궁금한 게 있다, 연락하다)

새 어휘 및 표현

| 미끄러지다 | 태권도 | 어리다 | 고장이 나다 | 꺼내다 | 궁금하다 |

활동 🎧 듣고 말하기

듣기 1 듣고 맞는 그림을 고르십시오.

①

②

③

④

듣기 2 들은 내용과 같은 것을 고르십시오.

① 먼저 돈을 넣어야 합니다.
② 사진은 한 번 찍을 수 있습니다.
③ 두 사람은 이용 방법을 모릅니다.
④ 배경은 사진을 찍은 후에 선택합니다.

말하기 여러분 학교에는 어떤 편의 시설이 있어요? 학교 편의 시설에 대해서 이야기해 보십시오.

새 어휘

빨래방	세탁하다	세탁기	동전
세제	즉석 사진관	배경	포즈

활동  읽고 말하기

읽기 읽은 내용과 다른 것을 고르십시오.

도서관 이용 안내

이용 시간

장소	학기 중	방학 중
열람실	24시간	10:00 ~ 16:00
세미나실	09:00 ~ 18:00	
스터디 룸		
노트북 이용실		
북 카페		

이용 안내
- 책을 대출할 때는 학생증이 있어야 합니다.
- 반납 방법 : 직접 반납하거나 도서관 앞에 있는 무인 반납기에 넣어 주십시오.

주의 사항
- 열람실에서는 음식을 먹거나 음료를 마실 수 없습니다.
- 반납 날짜를 3회 지키지 못하면 책을 빌릴 수 없습니다.
- 세미나실과 스터디 룸은 미리 예약한 후 이용할 수 있습니다.

① 스터디 룸은 예약해야 합니다.
② 책을 빌릴 때 학생증이 필요합니다.
③ 세미나실은 학기 중 9시에 문을 엽니다.
④ 방학 중에는 북 카페를 이용하지 못합니다.

말하기 여러분은 어떤 학교 시설을 자주 이용해요? 왜 자주 이용해요? 이야기해 보십시오.

새 어휘

음료   회   지키다

활동 📖 쓰고 발표하기

쓰기 학교에 소개하고 싶은 편의 시설이 있습니까? 그곳은 어떻게 이용합니까? 그곳에서 무엇을 할 수 있습니까? 편의 시설을 소개하는 글을 아래의 빈칸에 써 보십시오.

익힘책 27쪽 원고지 활용

처음
- 소개하고 싶은 편의 시설이 있습니까?
  - _____
  - _____
  - _____

중간
- 그곳은 어떻게 이용합니까?
  - _____
  - _____
  - _____

끝
- 그곳에서 무엇을 할 수 있습니까?
  - _____
  - _____
  - _____

발표하기 쓴 글을 발표해 보십시오.

학습 목표
우체국과 은행 관련 표현을 익혀 사용할 수 있다.

어휘 및 표현 1
· 우체국 관련 표현
· 동사-기 때문에 동사-아/어/해요

말하기 1
비행기가 배보다 빠르기 때문에 가격이 비쌉니다.

문법
· -기 때문에

어휘 및 표현 2
· 은행 관련 표현
· 동사-거나 동사-아/어/해요

말하기 2
교통비를 할인받거나 쇼핑 포인트도 쌓을 수 있어요.

문법
· -거나, (이)나
· -(으)ㄹ 것 (명령)

활동

듣고 말하기	· 은행에서 돈을 찾는 방법 듣고 이해하기 · 우체국에서 택배를 보내는 대화 듣고 이해하기 · 현금 인출기(ATM) 이용 방법에 대해서 말하기
읽고 말하기	· 출입국·외국인사무소 이용 안내 읽고 이해하기 · 공공기관 이용 방법 말하기
쓰고 발표하기	· 공공기관 이용 안내문 쓰고 발표하기

11과 우체국과 은행

어휘 및 표현 1

우체국 관련 표현

물건을 포장하다 → 무게를 재다 → 소포 / 택배를 보내다

배송이 빠르다

배송이 느리다

무게가 무겁다

무게가 가볍다

크기가 크다

크기가 작다

말하기 1
비행기가 배보다 빠르기 때문에 가격이 비쌉니다.

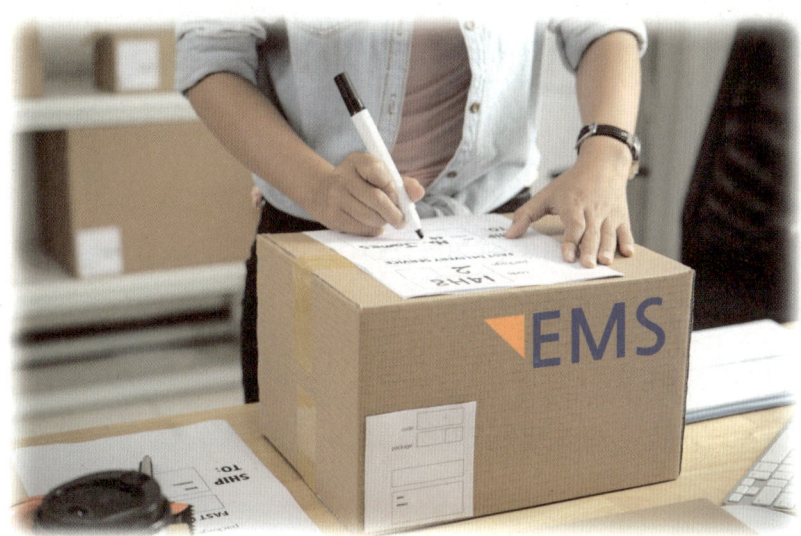

유이: 택배를 일본으로 보내려고 하는데요. 얼마나 걸릴까요?
직원: 비행기로 보내면 이틀, 배로 보내면 2주일이 걸립니다.
그리고 비행기가 배보다 빠르기 때문에 가격이 비쌉니다.
유이: 그래요? 빨리 보내야 하니까 비행기로 보내 주세요.
직원: 그런데 내일은 주말이라서 이틀 정도 더 걸립니다.
유이: 네, 알겠습니다.

- 유이는 무엇을 하려고 해요?
- 택배는 비행기로 얼마나 걸려요?

새 어휘

이틀

문법1 -기 때문에

동사/형용사	받침 O/X	-기 때문에	→	읽다 + -기 때문에 → 읽기 때문에
				많다 + -기 때문에 → 많기 때문에
				오다 + -기 때문에 → 오기 때문에
				크다 + -기 때문에 → 크기 때문에

▶ 명절에는 택배가 많기 때문에 배송이 오래 걸려요.

▶ 물건이 크기 때문에 택배비가 비싸요.

▶ 가: 오늘은 집에 있을 거예요?
　나: 네, 비가 많이 오기 때문에 집에 있을 거예요.

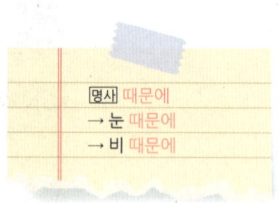

명사 때문에
→ 눈 때문에
→ 비 때문에

연습1

<보기>와 같이 이야기하십시오.

보기

가: 일본으로 소포로 보내려고 하는데 얼마나 걸릴까요?
나: 거리가 가깝기 때문에 금방 도착할 거예요.

얼마나 걸리다 /
거리가 가깝다, 금방 도착하다

① 요금이 비싸다 / 크기가 작다, 요금이 싸다

② 요금이 비싸다 / 무게가 무겁다, 요금이 많이 나오다

③ 얼마나 걸리다 / 거리가 멀다, 오래 걸리다

④ 얼마나 걸리다 / 비행기로 보내다, 이틀 후에 도착하다

⑤ 바로 보낼 수 있다 / 태풍, 바로 보낼 수 없다

· 하루 = 1일
· 이틀 = 2일
· 사흘 = 3일
· 나흘 = 4일
· 보름 = 15일
· 한 달 = 30일

새 어휘

택배비　　　요금　　　금방　　　태풍

연습2 <보기>와 같이 이야기하십시오.

보기
왜 병원에 갔어요?
감기 때문에 병원에 갔어요.
(감기)

① 엘레나는 모르는 것이 없네요.
맞아요. 엘레나는 (책을 많이 읽다) 아는 것이 많아요.

② 메모를 많이 하는 편이야?
응, 평소에 (자주 잊어버리다) 메모를 해.

③ 고추장은 얼마나 넣어?
(그 고추장은 맵다) 조금만 넣어도 돼.

④ 저 가게에 사람들이 줄을 서 있어요.
저 가게는 (만두가 유명하다) 사람들이 많이 와요.

⑤ 요즘 콧물을 많이 흘리네요.
네, (꽃가루 알레르기) 봄에 콧물이 많이 나요.

새 어휘
만두   꽃가루 알레르기

어휘 및 표현 2

은행 관련 표현

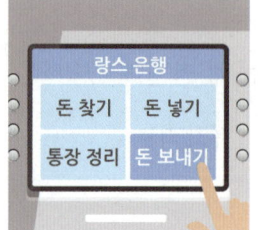
돈을 보내다

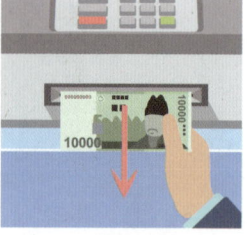
돈을 뽑다 / 찾다

돈을 넣다

잔액을 확인하다

은행 계좌

체크 카드 / 신용 카드

모바일 뱅킹

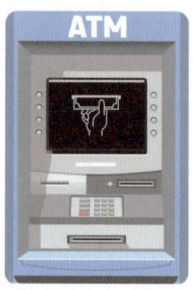
현금 인출기(ATM)

말하기 2
교통비를 할인받거나 쇼핑 포인트도 쌓을 수 있어요.

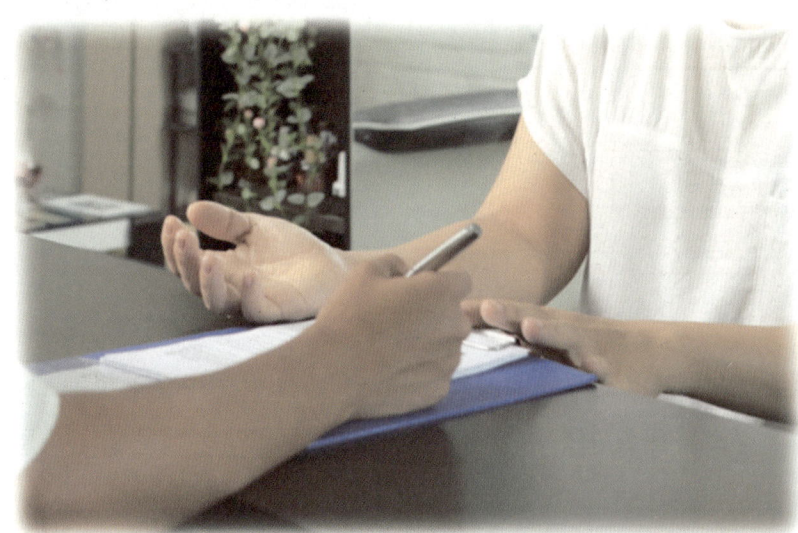

마이클: 안녕하세요. 통장을 만들려고 하는데요.

은행 직원: 먼저 신분증 좀 주시겠어요? 그리고 신청서를 써 주세요.
여기 '통장은 다른 사람에게 빌려주지 말 것'이라는 글 옆에 서명해 주세요.

마이클: 네, 알겠습니다. 체크 카드도 만들어 주세요.

은행 직원: 저희 은행 체크 카드는 교통비를 할인받거나
쇼핑 포인트도 쌓을 수 있어요. 체크 카드 디자인을 골라 주세요.

마이클: 그럼, 이걸로 할게요.

- 마이클은 왜 은행에 갔어요?
- 체크 카드로 무엇을 할 수 있어요?

'르' 불규칙
고르다 + -아요 → 골라요
부르다 + -었어요 → 불렀어요
바르다 + -아서 → 발라서

> **새 어휘**
>
> 신분증　　신청서　　서명하다　　교통비　　쇼핑 포인트

문법1 -거나, (이)나

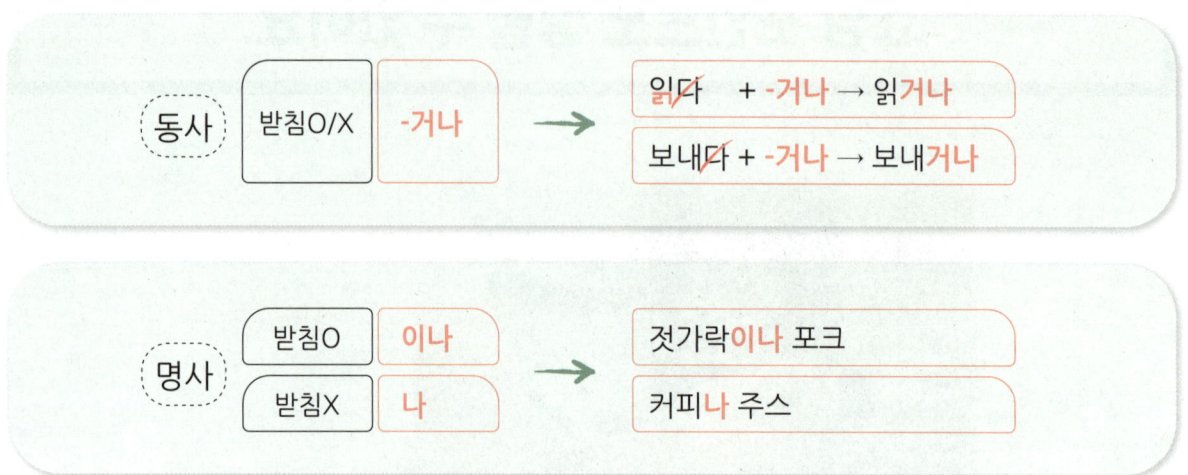

▸ 우체국에서 택배를 보내거나 편지를 부쳐요.
▸ 카페에서 커피나 주스를 마실까요?

▸ 가: 첸 씨는 주말에 보통 뭐 해요?
　나: 주말에는 책을 읽거나 텔레비전을 봐요.

연습1

<보기>와 같이 이야기하십시오.

보기

은행 /
통장을 만들다, 환전하다

가: 은행에서 무엇을 할 수 있어요?
나: 통장을 만들거나 환전할 수 있어요.

① 도서관 / 책을 빌리다, 자료를 찾다

② 시청 / 신분증을 만들다, 여권을 신청하다

③ 우체국 / 소포를 보내다, 기념 우표를 사다

④ 주민 센터 / 주소를 바꾸다, 생활 상담을 받다

⑤ 출입국·외국인사무소 / 외국인 등록증을 신청하다, 비자를 연장하다

새 어휘 및 표현

편지를 부치다　　환전하다　　기념 우표　　외국인 등록증　　비자를 연장하다

연습2 <보기>와 같이 이야기하십시오.

> 보기
>
> 피곤할 때 어떻게 해요?
>
> 잠을 자거나 커피를 마셔요.
>
> (잠을 자다, 커피를 마시다)

① 모르는 단어가 있으면 어떻게 해요?

(사전을 찾다, 선생님께 여쭤보다)

② 시간이 있을 때 뭐 해요?

(스포츠 경기를 보다, 온라인 게임을 하다)

③ 자주 하는 운동이 있어요?

(수영을 하다, 배드민턴을 치다)

④ 여권은 어디에서 만들어요?

(구청, 시청, 만들다)

⑤ 소포나 택배는 어디에서 보내요?

(우체국, 편의점, 보내다)

새 어휘

구청

문법2 -(으)ㄹ 것 (명령)

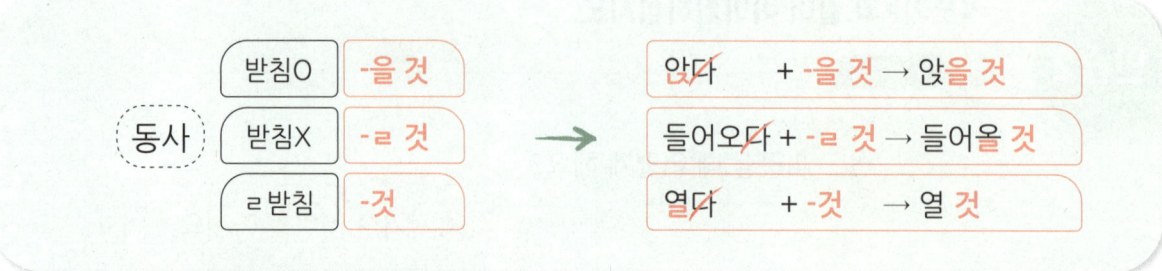

▶ 공연이 시작하기 전에 자리에 앉을 것.
▶ 9시까지 시험장에 들어올 것.
▶ 청소할 때는 창문을 열 것.

연습1

<보기>와 같이 이야기하십시오.

보기

신분증을 가져오다

신분증을 가져올 것

①
정해진 자리에 앉다

② 음식물을 먹지 말다

③
안내문을 꼭 읽다

④
시험 중에는
휴대전화를 끄다

⑤
병실에 들어가기 전에
손을 씻다

새 어휘

정해지다   병실

연습2 <보기>와 같이 이야기하십시오.

보기

메모지 / 내일까지 보고서를 제출하다

가: 메모지에 뭐라고 쓰여 있어요?
나: '내일까지 보고서를 제출할 것'이라고 쓰여 있어요.

①  화장실 벽 / 휴지를 아껴 쓰다

②  교실 문 / 교실을 깨끗이 사용하다

③  도서관 입구 / 큰 소리로 말하지 말다

④  공원 표지판 / 쓰레기는 집에 가지고 가다

⑤  주의 사항 / 수술 전에는 아무것도 먹지 말다

새 어휘 및 표현				
제출하다	벽	아껴 쓰다	표지판	수술

활동 🎧 듣고 말하기

듣기 1 듣고 순서대로 번호를 쓰십시오.

  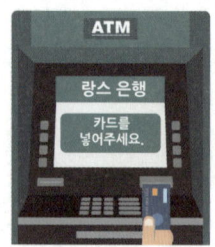 

듣기 2 들은 내용과 같은 것을 고르십시오.

① 소포는 비행기로 3일 걸립니다.
② 노트북은 배로 보낼 수 없습니다.
③ 화장품은 배로 보낼 수 없습니다.
④ 남자는 소포를 비행기로 보냅니다.

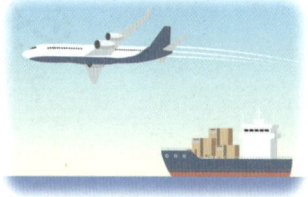

말하기 편의점에서 택배를 보내는 방법을 말하십시오.

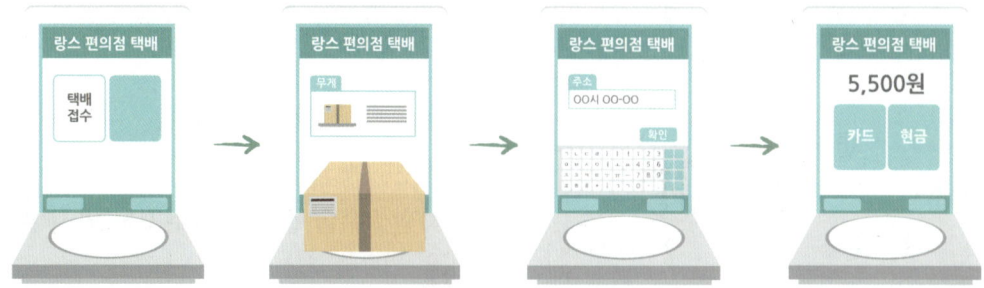

새 어휘

배터리　　　　　　이상

활동  읽고 말하기

읽기 읽은 내용과 같은 것을 고르십시오.

출입국·외국인사무소 방문 안내

출입국·외국인사무소에서는 비자 기간을 연장하거나 외국인 등록증을 만들 수 있습니다. 사람이 많기 때문에 미리 예약하지 않으면 오래 기다릴 수 있습니다. 이곳에 방문할 때는 인터넷이나 전화로 방문 예약을 하면 오래 기다리지 않아도 됩니다. 예약 후에는 방문 날짜와 시간을 꼭 확인해 주십시오. 그리고 방문 전에 미리 홈페이지에서 서류를 받아서 써 주십시오. 서류와 증명사진도 꼭 가지고 오십시오.

① 예약은 전화로만 할 수 있습니다.
② 이곳에서 비자 연장을 할 수 있습니다.
③ 서류는 이곳에서 방문해서 써야 합니다.
④ 예약을 하려면 서류와 증명사진이 필요합니다.

말하기 다음 장소에서 직원과 손님이 되어 이야기하십시오.

새 어휘

증명사진

활동  쓰고 발표하기

쓰기 공공장소(은행, 우체국, 주민 센터, 출입국·외국인사무소 등)의 이용 안내문을 써 보십시오.

발표하기 쓴 글을 발표해 보십시오.

학습 목표

예약을 하거나 변경할 수 있다.

어휘 및 표현 1

· 예약 관련 표현
· 동사-(으)ㄹ까 하는데요

말하기 1

토요일 3시에 예약할까 하는데 가능해요?

문법

· -(으)ㄹ까 하다

어휘 및 표현 2

· 예약 취소·변경
· 동사-(으)ㄹ까 봐 동사-아/어/해요

말하기 2

예약 시간에 늦을까 봐 걱정이에요.

문법

· -(으)ㄹ까 봐
· -는 동안(에)

활동

듣고 말하기	· 예약 방법 대화 듣고 이해하기 · 예약 변경 대화 듣고 이해하기 · 식당 예약하기
읽고 말하기	· 예약 안내문 읽고 이해하기 · 예약 변경하기
쓰고 발표하기	· 예약 신청 이유 쓰고 발표하기

12과 예약

어휘 및 표현 1

예약 관련 표현

날짜를 선택하다

인원을 선택하다

자리를 고르다

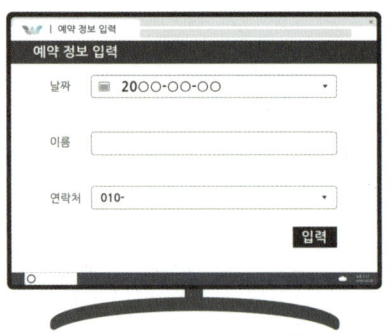
예약 정보를 입력하다

예약 내용을 확인하다

요금을 내다

말하기 1
토요일 3시에 예약할까 하는데 가능해요?

직원: 네, 랑스 미용실입니다. 무엇을 도와드릴까요?
오마르: 머리를 자르려고 해요. 토요일 3시에 예약할까 하는데 가능해요?
직원: 네, 확인해 보겠습니다. 잠시만 기다려주세요.
〈잠시 후〉
직원: 네, 3시에 예약이 가능합니다. 성함과 연락처를 말씀해 주세요.
오마르: 이름은 오마르예요. 전화번호는 010-2431-6543이에요.

- 오마르는 무엇을 하려고 해요?
- 그곳에 언제 가려고 해요?

새 어휘

가능하다   연락처

문법1 -(으)ㄹ까 하다

동사	받침O	-을까 하다		입다 + -을까 하다 → 입을까 하다
	받침X	-ㄹ까 하다	→	가다 + -ㄹ까 하다 → 갈까 하다
	ㄹ받침	-까 하다		만들다 + -까 하다 → 만들까 하다

▶ 이번 주말은 바다에 갈까 해요.
▶ 친구들과 집에서 음식을 만들까 해요.

▶ 가: 무슨 옷을 입을 거예요?
  나: 노란 원피스를 입을까 해요.

연습1

<보기>와 같이 이야기하십시오.

보기

프랑스 식당, 코스 요리를 먹다

프랑스 식당에서 코스 요리를 먹을까 하는데요.

① 병원, 피 검사를 받다

② 안경점, 렌즈를 바꾸다

③ 파티 룸, 생일 파티를 열다

④ 도서관, 스터디 룸을 빌리다

⑤ 여행사, 크루즈 여행 상품을 예약하다

새 어휘

코스 요리   피 검사   안경점   렌즈   크루즈

연습2 <보기>와 같이 이야기하십시오.

보기

가: 환 씨, **이사하**려고요?
나: 네, **더 넓은 집으로 이사할**까 해요.

이사하다 /
더 넓은 집으로 이사하다

① 주말에 쇼핑하다 / 새 구두를 사다

② 외식하다 / 고깃집에서 삼겹살을 먹다

③ 아르바이트를 하다 / 옷 가게에서 일하다

④ 헤어스타일을 바꾸다 / 짧은 머리로 바꾸다

⑤ 노래방에 가다 / 노래방에서 스트레스를 풀다

새 어휘

외식하다   고깃집   헤어스타일

어휘 및 표현 2

예약 취소·변경

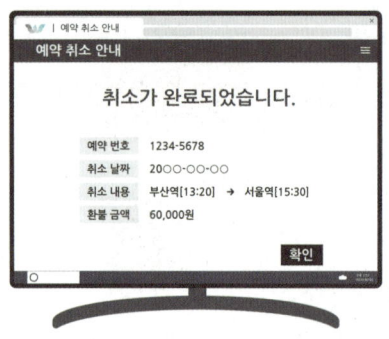
예약을 취소하다

금액을 환불받다

취소 수수료를 내다

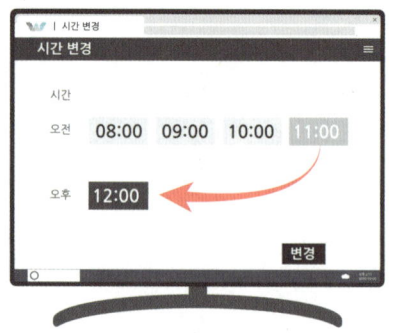
예약 시간을 바꾸다

예약 날짜를 변경하다

예약 인원을 변경하다

말하기 2
예약 시간에 늦을까 봐 걱정이에요.

마이클: 주말이라서 길이 많이 막히네요.
잔느: 식당은 6시로 예약했지요?
마이클: 네, 그런데 예약 시간에 늦을까 봐 걱정이에요.
잔느: 그렇죠? 6시까지는 못 갈 것 같아요. 예약 시간을 바꿀까요?
마이클: 그게 좋겠어요. 가는 동안에 예약 시간을 7시로 바꿀게요.
잔느: 네, 7시까지는 도착할 수 있을 것 같아요.

- 마이클과 잔느는 어디에 가요?
- 잔느는 무엇을 하려고 해요?

문법1 -(으)ㄹ까 봐

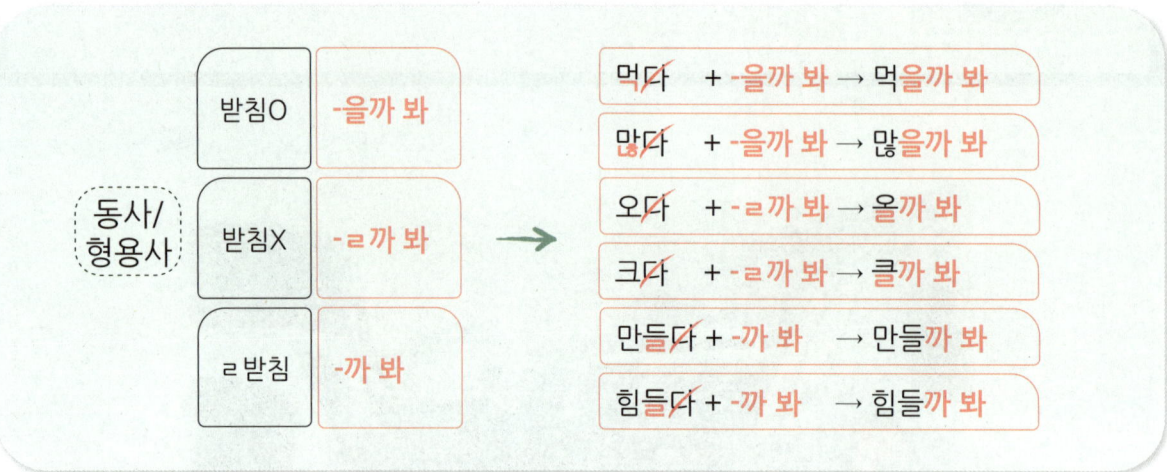

▶ 오후에 비가 올까 봐 우산을 가져왔어요.
▶ 새로 시작하는 일이 힘들까 봐 걱정이에요.

▶ 가: 옷이 잘 맞네요.
　나: 옷이 클까 봐 걱정했는데 다행이에요.

연습1 <보기>와 같이 이야기하십시오.

보기

그 가방을 못 사다 / 가방을 미리 예약하다

가: 그 가방을 못 살까 봐 걱정이에요.
나: 걱정하지 마세요. 가방을 미리 예약하면 돼요.

① 길이 막히다 / 지하철을 타다

② 바지가 길다 / 1주일 안에 교환하다

③ 백화점이 문을 닫다 / 30분 전에만 가다

④ 식당에 사람이 많다 / 앱으로 미리 예약하다

⑤ 놀이기구를 오래 기다리다 / 우선 탑승권을 사다

새 어휘
우선 탑승권

연습2

<보기>와 같이 이야기하십시오.

> 보기
>
> 가위가 어디에 있어요?
>
> **아이가 다칠**까 봐 **서랍에 넣**었어요.
> (아이가 다치다, 서랍에 넣다)

① 유이 씨, 오늘 발표지요?
　맞아요. 그런데 (발표할 때 실수하다, 긴장되다)

② 악셀 씨는 메모를 자주 하네요.
　(중요한 일을 잊어버리다, 자주 메모하다)

③ 왜 말을 안 했어요?
　(선생님께 혼나다, 말을 못하다)

④ 요리할 때 소금은 안 넣어요?
　(건강에 안 좋다, 소금을 안 먹다)

⑤ 더운데 점퍼는 왜 가져 왔어요?
　(밤에 춥다, 점퍼를 가져오다)

새 어휘

혼나다

75

문법2 -는 동안(에)

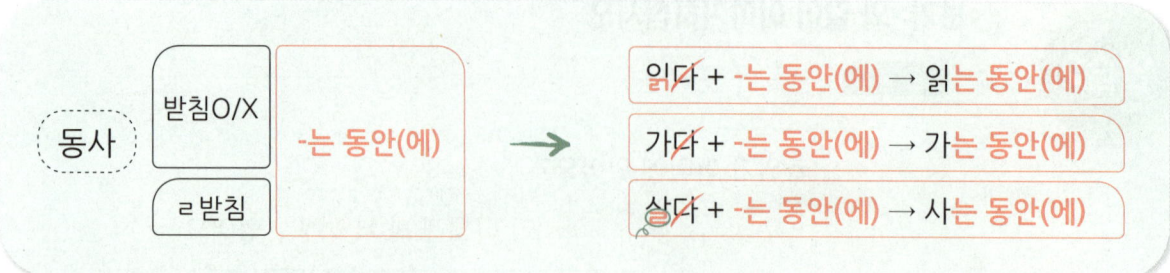

▸ 한국에 사는 동안에 친구를 많이 사귀었어요.

▸ 집에 가는 동안에 비가 내렸어요.

▸ 가: 언제 요리를 다 했어요?
　나: 마이클 씨가 책을 읽는 동안에 저는 요리를 했어요.

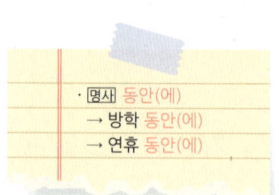

・명사 동안(에)
→ 방학 동안(에)
→ 연휴 동안(에)

연습1

<보기>와 같이 이야기하십시오.

보기

오마르, 책을 읽다 /
에밀리, 음악을 듣다

오마르가 책을 읽는 동안에 에밀리는 음악을 들었어요.

① 사장님, 통화하다 / 직원, 퇴근하다

② 동생, 창문을 닦다 / 나, 바닥을 쓸다

③ 아이, 주사를 맞다 / 어머니, 병원비를 내다

④ 잔느, 축구를 하다 / 오마르, 벤치에서 쉬다

⑤ 엘레나, 옷을 고르다 / 첸, 신발을 신어 보다

새 어휘 및 표현

| 퇴근하다 | 창문을 닦다 | 바닥을 쓸다 | 병원비 | 벤치 |

<보기>와 같이 이야기하십시오.

보기

식당을 예약하다 /
유이 씨가 일하다

가: 마이클 씨, 언제 **식당을 예약할** 거예요?
나: **유이 씨가 일하**는 동안에 제가 **식당을 예약할**까 해요.

① 피자를 주문하다 / 집에 가다

② 택시를 부르다 / 디저트를 먹다

③ 음료수를 가져오다 / 고기를 굽다

④ 영화표를 예매하다 / 버스를 기다리다

⑤ 발표 자료를 찾다 / 주말

새 어휘

디저트   굽다

활동　🔊 듣고 말하기

듣기 1　들은 내용과 같으면 O, 다르면 X에 표시하십시오.

1) 식당에는 사람이 많습니다.　　O　X
2) 여자는 식당 리뷰를 찾아봅니다.　　O　X
3) 남자는 전화로 식당을 예약합니다.　　O　X

듣기 2　들은 내용과 같은 것을 고르십시오.

① 여자는 치과 예약을 취소했습니다.
② 남자는 10일 오후에 치과에 갑니다.
③ 남자는 8일 오전으로 예약을 바꿉니다.
④ 여자는 토요일 오전에 치료를 받습니다.

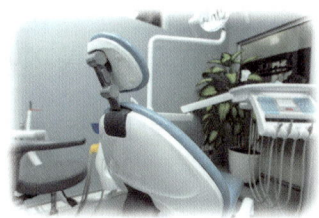

말하기　손님과 점원이 되어 식당을 예약해 보십시오.

랑스 식당이지요?
예약을 하려고 하는데요.

새 표현

예약이 다 차다

활동 📖 읽고 말하기

읽기 읽은 내용과 같은 것을 고르십시오.

랑스 캠핑장 안내문

랑스 캠핑장 예약 안내
· 랑스 캠핑장은 미리 예약을 해야 합니다.
· 예약은 앱으로만 받습니다. 전화로는 예약을 받지 않습니다.

이용 시간
· 예약한 날 오후 12:00 ~ 다음 날 오전 11:00

랑스 캠핑장 이용 안내
· 캠핑장을 이용하는 동안에 바비큐 장비를 사용할 수 있습니다.
· 쓰레기는 쓰레기 봉투에 넣어서 버려 주십시오.

① 전화로 예약할 수 있습니다.
② 캠핑장에 바비큐 장비가 있습니다.
③ 쓰레기는 캠핑장에 버릴 수 없습니다.
④ 다음 날 12시까지 이용할 수 있습니다.

말하기 각각의 장소에 전화해서 <보기>와 같이 예약을 변경하십시오.

보기

가: 네, 랑스 식당입니다.
나: 9월 28일 12시에 두 명으로 예약했는데요. 날짜를 바꾸려고요.
가: 어떻게 바꿔 드릴까요?
나: 9월 30일 12시로 바꿀 수 있어요?

식당
병원
미용실

새 어휘

다음 날   바비큐 장비   쓰레기봉투

활동  쓰고 발표하기

쓰기 랑스 레스토랑은 매일 한 팀만 식사를 할 수 있습니다. 그래서 미리 예약을 해야 합니다. 아래의 예약 신청서를 써 보십시오.

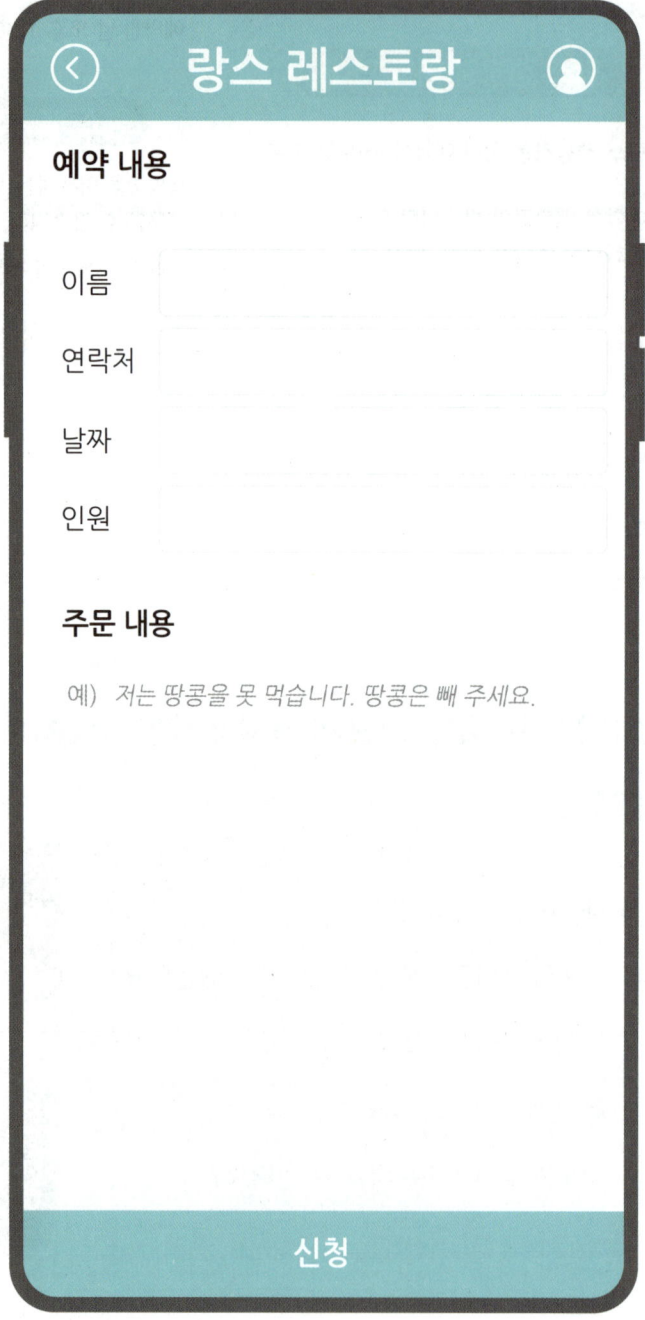

발표하기 쓴 글을 발표해 보십시오.

문화 3 — 예약하는 방법

▶ 여러분은 어디에 갈 때 예약을 합니까?

한국에서는 주로 미용실, 병원, 공공장소(우체국, 출입국·외국인사무소)를 이용할 때 예약을 합니다.

미용실

머리를 하고 싶을 때 전화나 휴대폰 앱에서 예약 날짜와 시간을 확인한 후에 예약을 할 수 있습니다.

병원

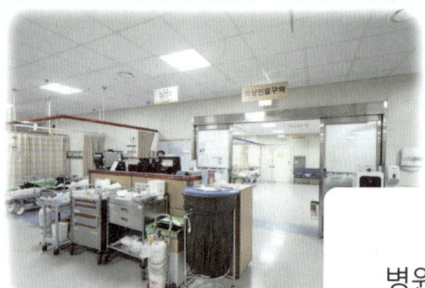

병원도 전화나 휴대폰 앱으로 진료 날짜를 예약할 수 있습니다. 병원을 예약할 때는 증상을 미리 쓰기 때문에 정확하고 빠른 진료에 도움이 됩니다.

택배

우체국

편의점

　택배는 우체국과 편의점에서 보낼 수 있습니다. 우체국 택배는 우체국 홈페이지 또는 앱을 사용하여 직접 우체국에 가지 않고 택배 접수를 할 수 있습니다. 편의점 택배는 편의점 안에 있는 택배 기계로 접수합니다.

출입국·외국인사무소

　지역과 방문 목적에 따라서 갈 수 있는 '출입국·외국인사무소'가 다르기 때문에 미리 '하이코리아(www.hikorea.go.kr)'에서 확인해야 합니다. 홈페이지에 들어가서 방문 예약을 신청할 수 있습니다.

학습 목표

집 관련 표현을 익혀 집에 대해서 이야기할 수 있다.

어휘 및 표현 1

· 집의 구조
· 동사 -기(가) 형용사

말하기 1

부엌이 좁아서 요리하기가 좀 불편했어.

문법

· -기

어휘 및 표현 2

· 집의 특징
· 동사/형용사 -고 동사/형용사 -았/었/했으면 좋겠어요
· 동사 -아/어해서 동사 -(으)ㄹ 수밖에 없었어요

말하기 2

엘리베이터가 있었으면 좋겠어요.

문법

· -았/었/했으면 좋겠다
· -(으)ㄹ 수밖에 없다

활동

듣고 말하기	· 지금 살고 있는 집에 대해서 듣고 이해하기 · 룸메이트를 구하는 대화 듣고 이해하기 · 살고 싶은 집에 대해서 말하기
읽고 말하기	· 룸메이트를 구하는 글 읽고 이해하기 · 함께 살고 싶은 룸메이트에 대해서 말하기
쓰고 발표하기	· 룸메이트와 공동 생활 규칙을 정하고 발표하기

13과 집

어휘 및 표현 1

집의 구조

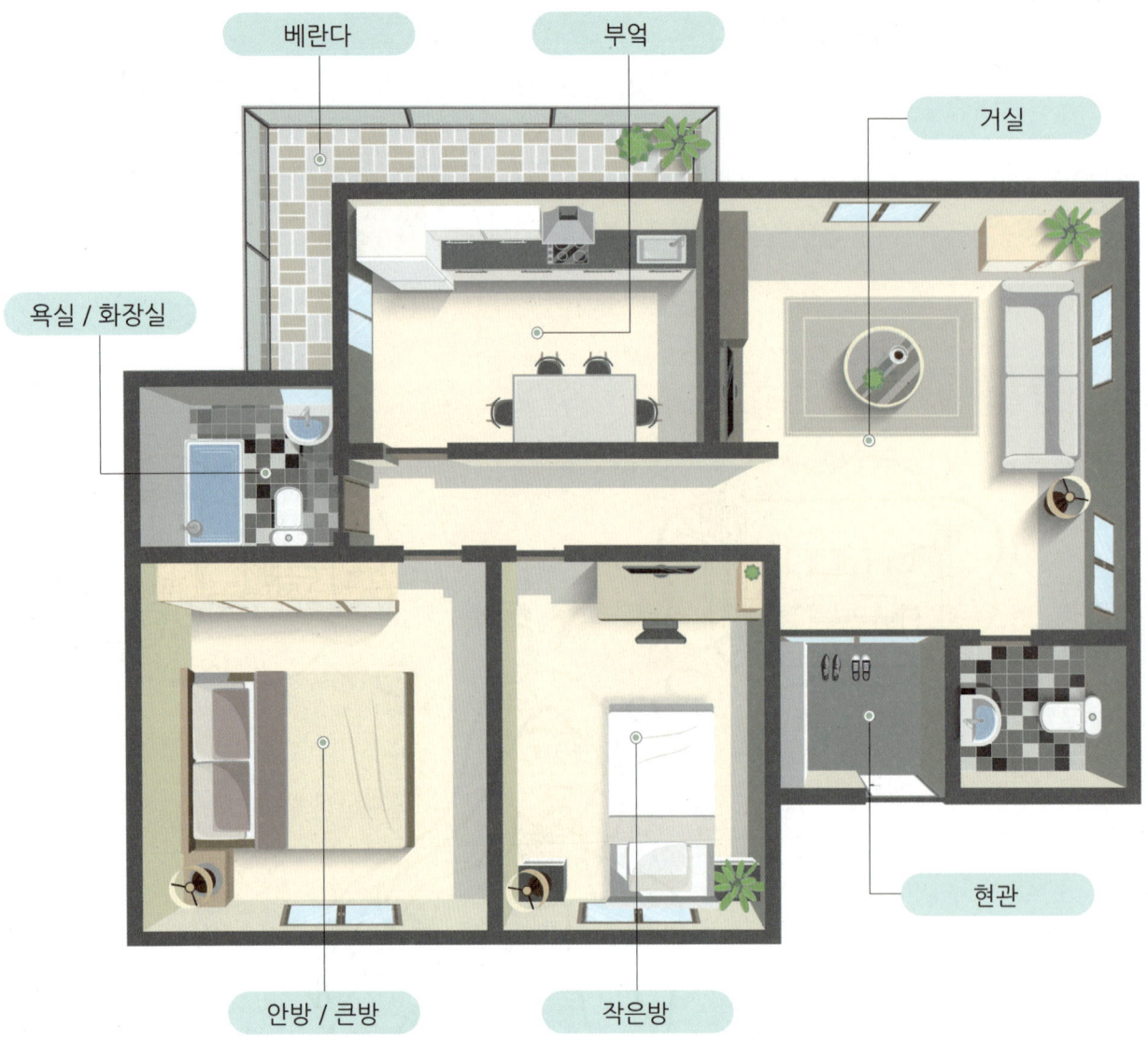

말하기 1
부엌이 좁아서 요리하기가 좀 불편했어.

에밀리: 야스다, 어제 이사했지? 이사한 곳은 마음에 들어?
야스다: 응, 방도 두 개고 부엌도 넓어서 좋아.
에밀리: 그런데 지난번 원룸도 괜찮았는데 왜 이사를 했어?
야스다: 너도 알지? 내 취미가 요리하기야.
　　　　그런데 지난번 집은 부엌이 좁아서 요리하기가 좀 불편했어.
에밀리: 그랬구나. 그럼, 이제 맛있는 음식을 많이 만들 수 있겠네.
야스다: 응, 다음에 놀러 오면 맛있는 거 많이 해 줄게.

- 야스다가 이사한 집은 어때요?
- 야스다는 왜 이사했어요?

새 표현

그랬구나

문법1 -기

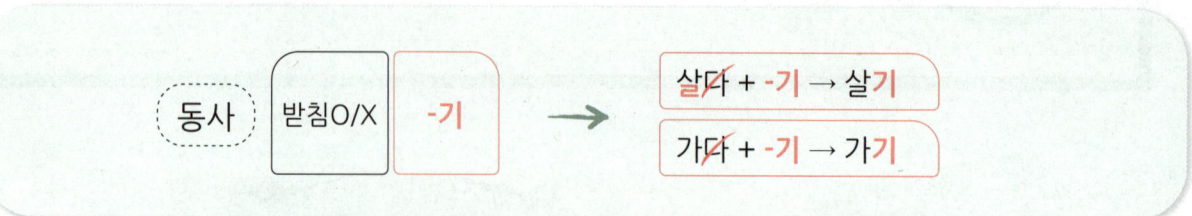

- ▸ 제 취미는 식물 키우기예요.
- ▸ 지하철이 가까워서 학교에 가기가 편해요.

- ▸ 가: 기숙사는 어때요?
  나: 방이 좁아서 살기가 불편해요.

연습1

<보기>와 같이 이야기하십시오.

보기

가: 지금 살고 있는 집은 어때요?
나: **주차장이 넓**어서 **차를 주차하**기가 **편**해요.

주차장이 넓다, 차를 주차하다, 편하다

① 창고가 크다, 물건을 넣다, 쉽다

② 베란다가 있다, 빨래를 널다, 좋다

③ 현관이 좁다, 신발을 두다, 복잡하다

④ 부엌이 작다, 음식을 만들다, 불편하다

⑤ 엘리베이터가 없다, 계단을 올라가다, 힘들다

새 어휘 및 표현

주차하다   창고   빨래를 널다   두다

연습2

<보기>와 같이 이야기하십시오.

보기

주말마다 뭐 해요?

친구와 맛집을 찾기를 해요.
(친구와 맛집을 찾다, 하다)

① 취미가 뭐예요?

(영화를 보다, 좋아하다).

② 타오 씨, 왜 여기에 서 있어요?

(유이 씨가 나오다, 기다리고 있다).

③ 주말에 보통 집에 있어요?

아니요, 저는 (집에 있다, 싫어하다).

④ 너는 어느 팀이 이기기를 바라?

(마이클이 있는 팀이 이기다, 바라다).

⑤ 올해 무슨 계획을 세웠어?

올해 내 계획은 (한국어능력시험 3급에 합격하다).

새 어휘

바라다   한국어능력시험   급   합격하다

어휘 및 표현 2

집의 특징

말하기 2
엘리베이터가 있었으면 좋겠어요.

부동산 직원: 여보세요? 랑스 부동산입니다.
오마르: 인터넷에서 집을 하나 봤는데 직접 가 보고 싶어서요.
부동산 직원: 어느 집이지요?
오마르: 랑스 원룸 3층 301호예요. 그런데 집세가 조금 비싼 것 같아요.
부동산 직원: 아, 랑스 원룸이요? 거기는 새 건물이라서 비쌀 수밖에 없어요.
오마르: 아, 그래요.
부동산 직원: 손님, 특별히 원하는 조건이 있으세요?
오마르: 룸메이트가 몸이 좀 불편해서 가능하면 엘리베이터가 있었으면 좋겠어요.
부동산 직원: 그래요? 그럼, 행복 원룸이 건물은 오래됐지만 엘리베이터가 있어요. 집세도 싸고요. 거기에 한번 가 보시겠어요?
오마르: 네, 좋아요.

발음
비쌀 수밖에 없어요
[비쌀 수바께 업써요]

- 오마르는 왜 부동산에 전화했어요?
- 오마르는 어떤 집을 찾고 있어요?

새 어휘 및 표현

| 부동산 | 집세가 비싸다 | 특별히 | 조건 |
| 몸이 불편하다 | 집세가 싸다 | | |

문법1　-았/었/했으면 좋겠다

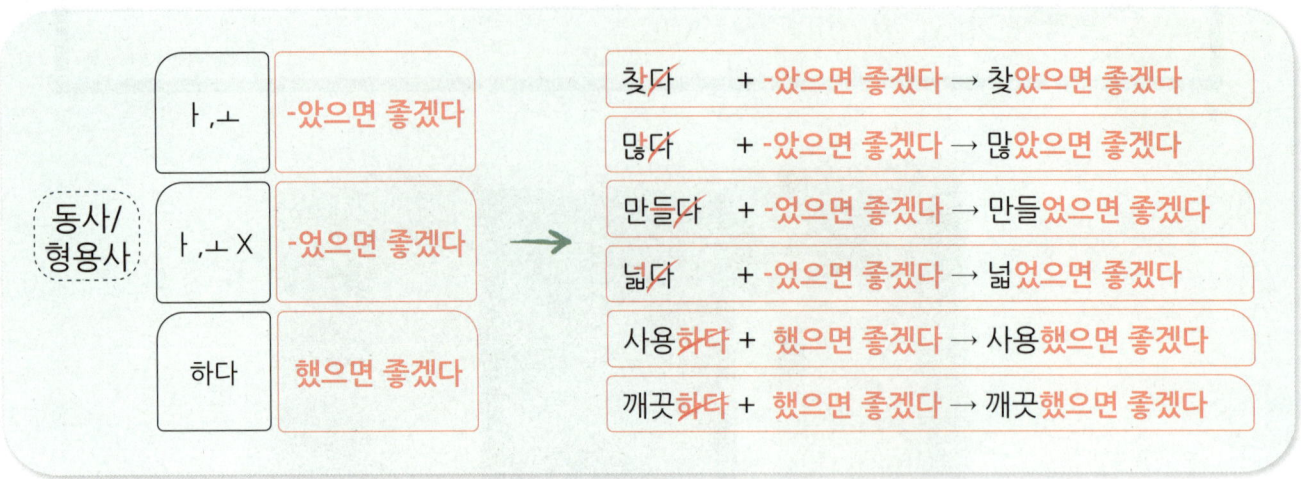

▸ 마음에 드는 집을 찾았으면 좋겠어요.
▸ 혼자 방을 사용했으면 좋겠습니다.

▸ 가: 왜 이사하고 싶어요?
　나: 방이 좁아요. 그래서 좀 넓었으면 좋겠어요.

연습1

<보기>와 같이 자신이 살고 싶은 집을 이야기하십시오.

예) 새 건물이다, 위치가 좋다, 교통이 편리하다 …

보기　교통이 편리했으면 좋겠어요.

어떤 집에서 살았으면 좋겠어요?

연습2

<보기>와 같이 이야기하십시오.

보기

가: 룸메이트가 어떤 사람이었으면 좋겠어요?
나: **나이가 같고 성격이 활발**했으면 좋겠어요.

나이가 같다, 성격이 활발하다

① 성격이 밝다, 잘 웃다

② 부지런하다, 규칙을 잘 지키다

③ 요리를 할 수 있다, 배달 음식을 안 먹다

④ 정리를 잘하다, 깔끔하다

⑤ 마음이 따뜻하다, 성격이 좋다

새 어휘 및 표현

규칙을 잘 지키다　　　정리를 잘하다　　　깔끔하다

93

문법2 -(으)ㄹ 수밖에 없다

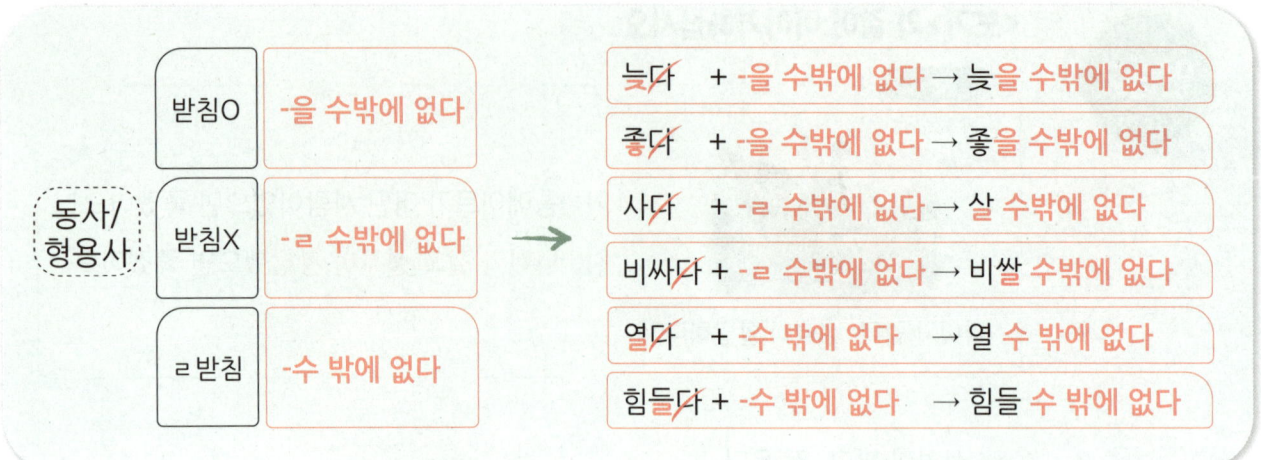

▶ 새 건물이라서 집이 좋을 수밖에 없어요.
▶ 휴대폰이 고장이 나서 다시 살 수밖에 없어요.

▶ 가: 안 추워요? 왜 창문을 열어 놨어요?
  나: 방 안의 냄새 때문에 창문을 열 수밖에 없었어요.

연습1

<보기>와 같이 이야기하십시오.

보기

가: 이 집은 집세가 싸네요.
나: 건물이 오래돼서 집세가 쌀 수밖에 없어요.

집세가 싸다 / 건물이 오래되다

① 집세가 비싸다 / 위치가 좋다

② 가구가 깨끗하다 / 새 건물이다

③ 주변이 시끄럽다 / 큰 도로가 있다

④ 집이 따뜻하다 / 햇빛이 잘 들어오다

⑤ 대학생들에게 인기가 많다 / 학교가 가깝다

새 어휘

냄새   도로

연습2 <보기>와 같이 이야기하십시오.

보기

가: 월세가 올라서 **이사를 갈** 수밖에 없었어요.
나: 그래요? **정말 힘들**었겠어요.

월세가 오르다, 이사를 가다 /
정말 힘들다

① 따뜻한 물이 안 나오다, 찬물로 머리를 감다 / 많이 춥다

② 세탁기가 고장이 나다, 한 달 동안 빨래방에 가다 / 정말 귀찮다

③ 엘리베이터가 멈추다, 30분 동안 안에 있다 / 깜짝 놀라다

④ 또 룸메이트가 나가다, 룸메이트를 구하다 / 짜증이 나다

⑤ 컴퓨터가 고장이 나다, 새것으로 바꾸다 / 돈이 많이 들다

새 어휘 및 표현

월세가 오르다　　　　　찬물

활동 🔊 듣고 말하기

듣기 1 유이와 시영이 지금 살고 있는 집입니다. 듣고 맞는 것을 연결하십시오.

1) 유이의 집 • • ①  • • ㉠

2) 시영의 집 • • ②  • • ㉡

듣기 2 다음을 듣고 맞는 것을 고르십시오.

1) 남자는 왜 룸메이트를 구합니까?

　① 친구를 사귀려고

　② 집세를 나눠서 내려고

　③ 외국어를 가르쳐 주려고

　④ 한국어 말하기 연습을 하려고

2) 들은 내용과 같은 것을 고르십시오.

　① 여자의 집은 방이 작습니다.

　② 남자는 새집으로 이사했습니다.

　③ 여자는 룸메이트를 구하고 있습니다.

　④ 남자의 친구는 우즈베키스탄 사람입니다.

말하기 미래에 살고 싶은 집은 어떤 집이에요? 이야기해 보십시오.

새 어휘

따로　　　나누다　　　마침

활동  읽고 말하기

읽기 다음은 학교 홈페이지 게시판입니다. 읽고 물음에 답하십시오.

 타오
11시간 전   ㉠

　안녕하세요? 저는 한국 대학교에 다니고 있는 타오라고 합니다. 한국어를 전공하고 있어서 한국어를 연습할 수 있는 사람이었으면 좋겠습니다. 집은 새집이고 방 두 개와 작은 거실이 있습니다. 방마다 침대와 옷장이 있어서 살기 좋습니다. 집도 학교와 가깝습니다. 아래에 있는 룸메이트 규칙을 지킬 수 있는 분만 연락해 주세요.

1. 택배 마음대로 열지 않기
2. 친구를 집에 데려오지 않기
3. 밤 12시가 넘으면 노트북 사용하지 않기   연락처 : 010-1234-5678

1) ㉠의 제목으로 맞는 것을 고르십시오.

　① 중고 가구를 팝니다.
　② 룸메이트를 찾습니다.
　③ 좋은 집을 소개합니다.
　④ 한국어 전공 책을 삽니다.

2) 읽은 내용과 같은 것을 고르십시오.

　① 이 사람의 전공은 한국어입니다.
　② 이 집은 방이 하나이고 가구가 있습니다.
　③ 이 집의 규칙은 룸메이트와 같이 정합니다.
　④ 이 집은 학교와 거리가 멀어서 불편합니다.

말하기 어떤 룸메이트와 함께 살고 싶어요? 이야기해 보십시오.

새 어휘

데려오다　　　　규칙　　　　중고 가구

활동

쓰기 룸메이트와 지켜야 할 생활 규칙을 정하고 써 보십시오.

생활 규칙

1. 친구를 초대할 때는 룸메이트에게 알려주기

발표하기 쓴 글을 발표해 보십시오.

학습 목표

한국 생활 관련 표현을 익혀 사용할 수 있다.

어휘 및 표현 1

· 한국 생활 관련 표현1
· 동사-(으)ㄴ 지 명사이/가 됐어요

말하기 1

한국에 온 지 얼마 안 돼서 몰랐어요.

문법

· -(으)ㄴ 지
· -게 되다

어휘 및 표현 2

· 한국 생활 관련 표현2
· 동사/형용사-아/어/해서 동사-게 됐어요

말하기 2

고향에 돌아가기 전에 꼭 해 보고 싶은 일이 있어요?

문법

· -기는요

활동

듣고 말하기	· 한국에 온 이유 듣고 이해하기 · 한국 생활 관련 인터뷰 듣고 이해하기 · 한국 생활 인터뷰하기
읽고 말하기	· 한국 생활 관련 글 읽고 이해하기 · 한국 생활을 잘하는 방법 소개하기
쓰고 발표하기	· 한국 생활에 대해서 쓰고 발표하기

14과 한국 생활

어휘 및 표현 1

한국 생활 관련 표현1

생활에 만족하다

음식이 입에 맞다

높임말을 사용하다

매운 음식을 잘 먹다

한국 날씨에 적응하다

한국 생활에 익숙해지다

한국 사람들과 어울리다

말하기 1
한국에 온 지 얼마 안 돼서 몰랐어요.

오마르: 샤오민 씨, 밥 먹었어요?
샤오민: 아니요, 아직이요.
그런데 만나는 친구마다 오마르 씨처럼 묻고 그냥 갔어요. 정말 이상해요.
오마르: 아, 그건 한국 사람들이 하는 인사예요.
샤오민: 그래요? 한국에 온 지 얼마 안 돼서 몰랐어요.
오마르: 저도 처음에는 그랬어요. 그런데 한국 친구가 설명해 줘서 알게 됐어요.
샤오민: 이제 이해했어요. 고마워요.

- 친구들은 샤오민에게 어떤 말을 했어요?
- 왜 친구들은 샤오민에게 그 말을 해요?

새 어휘 및 표현

그냥　　　　　이상하다　　　　　얼마 안 되다

문법1 -(으)ㄴ 지

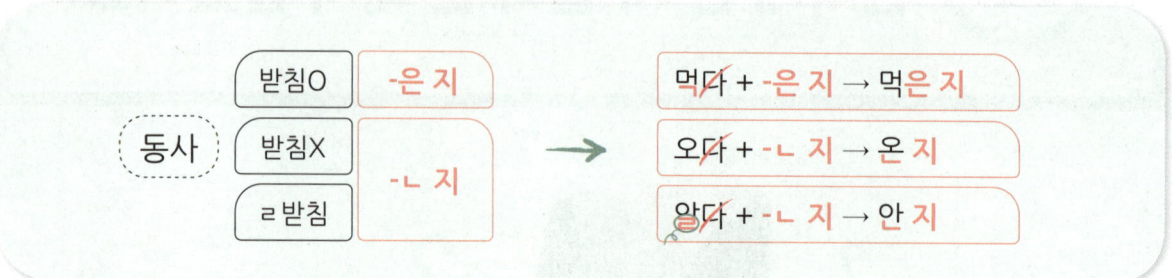

▶ 약을 먹은 지 30분이 됐어요.
▶ 한국에 유학을 온 지 2년이 됐어요.

▶ 가: 재영 씨를 안 지 얼마나 됐어요?
  나: 5년이 됐어요.

연습1
<보기>와 같이 이야기하십시오.

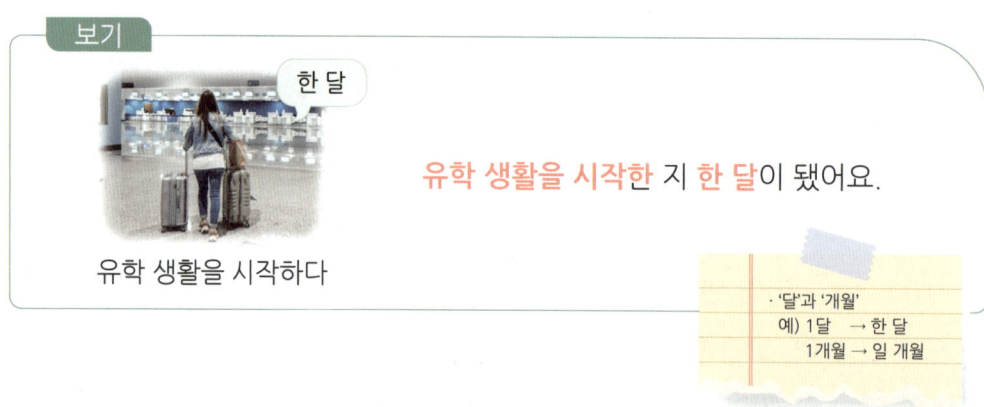

유학 생활을 시작한 지 한 달이 됐어요.

유학 생활을 시작하다

· '달'과 '개월'
  예) 1달 → 한 달
      1개월 → 일 개월

①
비자를 연장하다 (3일)

②
고향 집에 다녀오다 (일주일)

③
대학 시험을 준비하다 (4개월)

④
카페 아르바이트를 하다 (6달)

⑤
유학생 모임에 나가다 (1년)

⑥
학교에서 한국어를 배우다 (2년)

연습2 <보기>와 같이 이야기하십시오.

보기
- 한국어를 참 잘하네요.
- **한국에 산** 지 **3년**이 **됐**어요.
(한국에 살다, 3년, 되다)

① 건강에 안 좋으니까 담배는 끊는 게 좋아요.
   몰랐어요? 제가 (담배를 끊다, 3달, 넘다)

② K-팝 가수처럼 춤을 잘 추네요.
   고마워요. (댄스 수업을 듣다, 6개월, 넘다)

③ 고향에 있는 가족이 많이 그립지요?
   네, (가족을 못 보다, 1년, 되다)

④ 남자/여자 친구가 있어요?
   아니요, (남자/여자 친구와 헤어지다, 반년, 지나다)

⑤ 언제부터 강아지를 키웠어요?
   (강아지를 키우다, 2년, 되다)

⑥ 언제 배달 음식을 시켰어요?
   (배달 음식을 시키다, 1시간, 지나다)

새 어휘

그립다   넘다   반년

문법2 -게 되다

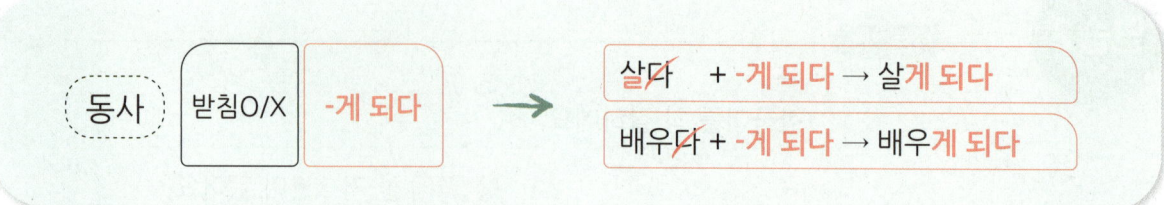

▶ 한국 회사에 취직해서 한국에 살게 됐어요.
▶ 한식을 좋아해서 한국 요리를 배우게 됐어요.

▶ 가: 갑자기 고향에 가게 돼서 섭섭하네요.
　나: 저도요. 자주 연락할게요.

연습1

<보기>와 같이 이야기하십시오.

보기

한국에 오다 /
한국 문화에 관심이 있다

가: 어떻게 한국에 오게 됐어요?
나: 한국 문화에 관심이 있어서 오게 됐어요.

① 차를 마시다, 커피가 몸에 안 맞다

② 브이로그를 찍다, 친구가 추천하다

③ 유이 씨를 알다, 동아리에서 만나다

④ 유학을 결심하다, 경험을 쌓고 싶다

⑤ 한국 생활에 익숙해지다, 한국인 룸메이트와 살다

새 어휘 및 표현

관심이 있다　　　추천하다　　　결심하다

연습2

<보기>와 같이 이야기하십시오.

보기

집이 좋네요.

이사를 자주 하면서 좋은 집을 찾게 됐어요.
(이사를 자주 하다, 좋은 집을 찾다)

① 한국어 실력이 많이 늘었네요.
(한국 사람과 이야기하다, 실력이 늘다)

② 한국 문화를 잘 아네요.
(홈스테이하다, 한국 문화를 이해하다)

③ 한국 음식을 잘 먹네요.
(맛집을 다니다, 한국 음식을 즐기다)

④ 높임말을 잘 사용하네요.
(한국에 오래 살다, 높임말을 잘 사용하다)

⑤ 친구들이 많네요.
(모임에 나가다, 사람들과 어울리다)

새 어휘

홈스테이하다

어휘 및 표현 2

한국 생활 관련 표현2

추억을 만들다

추억 여행을 가다

마음을 전하다

고마운 사람들을 만나다

기억에 남다

생각이 나다

말하기 2
고향에 돌아가기 전에 꼭 해 보고 싶은 일이 있어요?

시영: 타오 씨, 다음 달에 고향으로 돌아가지요?
타오: 네, 제가 한국에 온 지 벌써 1년이 지났어요. 시간이 참 빠르네요.
시영: 맞아요. 그런데 타오 씨는 고향에 돌아가기 전에 꼭 해 보고 싶은 일이 있어요?
타오: 한국 생활이 힘들 때 도움을 준 친구들과 추억 여행을 가는 거예요.
 그 친구들 덕분에 한국에서 잘 지낼 수 있었어요.
시영: 고마운 친구들이네요.
타오: 그리고 시영 씨도 고마운 친구 중 한 명이에요. 그동안 정말 고마웠어요.
시영: 고맙기는요. 부끄럽네요.

- 타오는 고향에 돌아가기 전에 무슨 일을 하고 싶어요?
- 타오는 왜 그 일을 하고 싶어요?

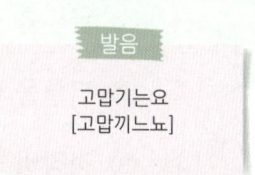

발음
고맙기는요
[고맙끼느뇨]

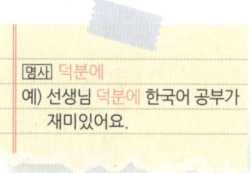

명사 덕분에
예) 선생님 덕분에 한국어 공부가 재미있어요.

문법1 -기는요

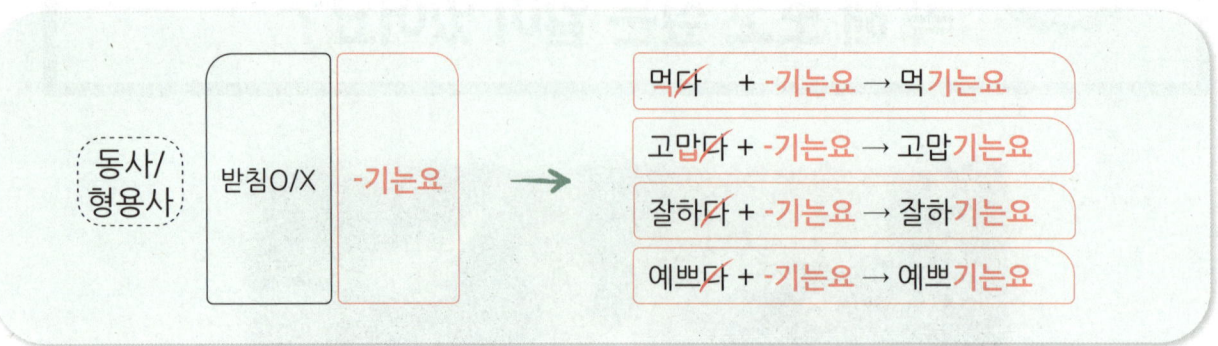

▸ 가: 한국어 공부를 도와줘서 고마워요.
　나: 고맙기는요. 언제든지 도와줄게요.

▸ 가: 저 사람 정말 노래 잘하지?
　나: 잘하기는. 내가 더 잘하는 것 같아.

연습1 <보기>와 같이 이야기하십시오.

> **보기**
>
>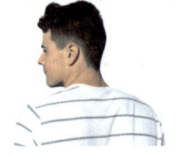
>
> 헤어스타일이 멋지다
>
> 가: 마이클 씨, 헤어스타일이 멋지네요.
> 나: 멋지기는요. 고마워요.

① 글씨를 잘 쓰다

② 퍼즐을 잘 맞추다

③ 정장이 잘 어울리다

④ 목소리가 멋있다

⑤ 한국어 발음이 좋다

새 표현

퍼즐을 맞추다　　　　발음이 좋다

연습2 <보기>와 같이 이야기하십시오.

보기
- 한국 여행은 즐거웠어요?
- **즐겁**기는요. 계속 비가 와서 힘들었어요.

① 콘서트가 재미있었어요?
( ). 사람이 많아서 잘 안 보였어요.

② 학교 다닐 때가 그리웠어요.
( ). 공부도 하고 숙제도 하고 힘들었지요.

③ 고향 생각이 많이 나지요?
( ). 새로운 경험을 할 수 있어서 더 좋아요.

④ 시험 공부는 많이 했어?
( ). 시간이 없어서 거의 못 했어.

⑤ 오마르는 일어났어?
( ). 아직도 자고 있어.

활동 🔊 듣고 말하기

듣기 1 들은 내용과 같은 것을 고르십시오.

14-1

	한국에 오다	한국에 온 이유

1) 마이클   ☐ 1년   ☐ 2년   ①    ②

2) 에밀리   ☐ 4개월   ☐ 6개월   ①    ②

듣기 2 들은 내용과 같은 것을 고르십시오.

14-2

① 여자는 지금 한국 생활이 힘듭니다.
② 여자는 처음부터 한국어를 잘했습니다.
③ 여자는 가수가 된 지 3년이 지났습니다.
④ 여자는 남자에게 고마운 마음을 전합니다.

말하기 한국 생활이 어때요? 한국 생활을 묻고 대답해 보십시오.

> 한국에 온 지 얼마나 됐어요?

> 한국어를 왜 배워요?

> 한국 생활이 어때요?

> 고향에 돌아가기 전에 하고 싶은 일이 있어요?

새 어휘

활동하다   멤버

활동  읽고 말하기

읽기 읽은 내용과 같은 것을 고르십시오.

> 나는 한국에 유학을 온 지 벌써 1년이 되었다. 처음 한국에서 생활할 때는 한국어도 모르고 아는 사람도 없어서 힘들었다. 그래서 한국 생활에 적응하려고 유학생 모임에 나가서 친구를 사귀었다. 친구들과 함께 유명한 장소에 가거나 맛집에 갔다. 또 고향에 있는 가족에게 잘 지내고 있는 내 모습을 보여 주려고 브이로그를 시작하게 됐다. 시간이 지나면서 한국 생활 브이로그를 보는 사람이 많아지고 나를 알아보는 사람도 생겼다. 요즘에는 한국 생활이 정말 재미있다. 그래서 과거의 나처럼 한국 생활이 힘든 친구들에게 이런 말을 해 주고 싶다.
> "한국 생활이 처음에는 힘들겠지만 노력하면 바꿀 수 있으니까 힘내!"

① 고향에 돌아간 지 1년이 됐습니다.
② 가족이 브이로그를 찍어서 보냅니다.
③ 맛집에 가려고 모임에 들어갔습니다.
④ 친구들 덕분에 한국 생활이 즐겁습니다.

말하기 한국 생활을 잘하는 나만의 방법을 소개해 보십시오.

새 어휘

| 모습 | 많아지다 | 노력하다 | 힘내다 |

활동 — 쓰고 발표하기

쓰기 한국에 온 지 얼마나 됐습니까? 왜 한국에 왔습니까? 한국 생활이 어떻습니까? 무엇이 힘듭니까/ 좋습니까? 고향에 돌아가기 전에 하고 싶은 일이 있습니까? 아래의 빈칸에 쓰십시오.

익힘책 75쪽 원고지 활용

처음
- 한국에 온 지 얼마나 됐습니까? 왜 한국에 왔습니까?
  - _____
  - _____
  - _____

중간
- 한국 생활이 어떻습니까? 무엇이 힘듭니까/ 좋습니까?
  - _____
  - _____
  - _____

끝
- 고향에 돌아가기 전에 하고 싶은 일이 있습니까?
  - _____
  - _____
  - _____

발표하기 쓴 글을 발표해 보십시오.

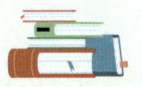

학습 목표
다양한 축제에 대해서 소개할 수 있다.

어휘 및 표현 1
· 축제 관련 표현1
· 동사/형용사 -(으)니까 동사 -는 게 어때요?

말하기 1
1등을 하면 상품에다가 상금도 받을 수 있어요.

문법
· -는 게 어때요?
· -에다가

어휘 및 표현 2
· 축제 관련 표현2
· 정말 동사/형용사 -군요

말하기 2
일할 때 입을 전통 의상이에요.

문법
· -(는)군요
· -(으)ㄹ

활동

듣고 말하기	· 축제에 대해서 듣고 이해하기1 · 축제에 대해서 듣고 이해하기2 · 자기 나라의 축제에 대해서 소개하기
읽고 말하기	· 축제 참여 경험에 대한 글 읽고 이해하기 · 축제 참여 경험에 대해서 말하기
쓰고 발표하기	· 만들고 싶은 축제에 대해서 쓰고 발표하기

15과 축제

어휘 및 표현 1

축제 관련 표현1

전시회

체험 행사

축하 공연

축제 프로그램

	축제를 하다
공연을 보다	축제에 가다
참가 신청을 하다	축제가 열리다
	축제에 참가하다

말하기 1
1등을 하면 상품에다가 상금도 받을 수 있어요.

마이클: 샤오민 씨, 이번 학교 축제 프로그램 봤어요?
샤오민: 아니요, 아직 안 봤는데 특별한 프로그램이 있어요?
마이클: 네, 노래 대회랑 K-팝 동아리 공연이 재미있을 것 같아요.
그리고 노래 대회에서 1등을 하면 상품에다가 상금도 받을 수 있어요.
샤오민: 그래요? 그럼, 마이클 씨도 대회에 참가하는 게 어때요?
마이클: 그럼, 저도 한번 나가볼까요?
샤오민: 네, 마이클 씨는 꼭 1등을 할 수 있을 거예요. 제가 큰 소리로 응원할게요.
마이클: 샤오민 씨, 고마워요. 그럼, 바로 신청할게요.

- 학교 축제에 어떤 프로그램이 있어요?
- 마이클은 무엇을 하려고 해요?

새 어휘 및 표현

노래 대회   1등을 하다   상품   상금

문법1 -는 게 어때요?

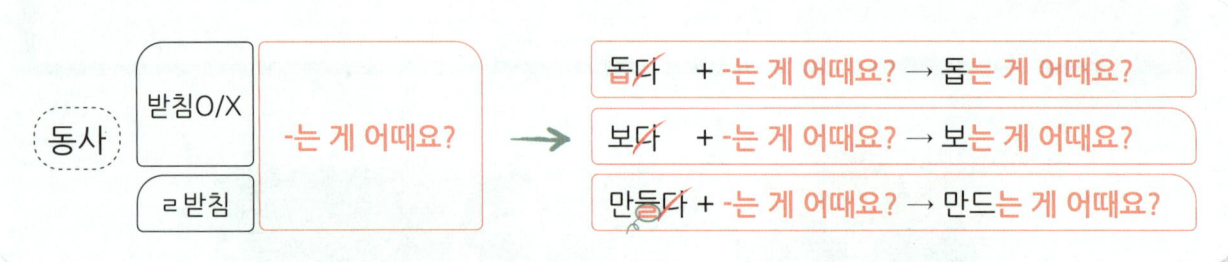

▶ 축제 준비를 돕는 게 어때요?
▶ 오후에 동아리 전시회를 보는 게 어때요?

▶ 가: 축제 포스터를 함께 만드는 게 어때요?
　 나: 좋아요. 같이 만들어요.

연습1

<보기>와 같이 이야기하십시오.

보기

타오 씨는 춤을 잘 추다,
댄스 대회에 참가하다

가: 다음 달에 학교 축제를 해요.
나: 타오 씨는 춤을 잘 추니까 댄스 대회에 참가하는 게 어때요?

① 행사 준비가 바쁘다, 축제 준비를 돕다

② 축제 포스터가 많이 필요하다, 같이 만들다

③ 잔느 씨는 한국어를 잘하다, 손님을 안내하다

④ 유명한 가수가 많이 오다, 같이 공연을 보러 가다

⑤ 축제 프로그램이 다양하다, 다른 학교 친구들도 초대하다

<보기>와 같이 이야기하십시오.

보기
- 저녁에 기타 동아리가 공연을 하네요.
- 그래요? 그럼, **수업이 끝나고 같이 가 보는 게 어때요?**
- (수업이 끝나고 같이 가 보다)

① 행사장 안이 너무 복잡하네요.
　　(내일 다시 오다)

② 동아리 공연에 사람이 너무 적네요.
　　(학교 SNS에 공연 사진을 올리다)

③ 공연장에 가야 하는데 비가 많이 오네요.
　　(공연장까지 택시를 타고 가다)

④ 강당에서 사진 전시회를 하네요.
　　(저녁에 전시회에 들르다)

⑤ 축제에 유학생 장기자랑도 있네요.
　　(우리도 참가 신청을 하다)

새 어휘

행사장　　　강당　　　들르다　　　장기자랑

121

문법2 | 에다가

▶ 댄스 대회 1등은 선물에다가 상금까지 줘요.
▶ 오늘은 커피에다가 케이크까지 준비했어요.

▶ 가: 점심은 맛있게 드셨어요?
　나: 네, 밥에다가 디저트까지 모두 맛있었어요.

연습1

<보기>와 같이 이야기하십시오.

보기

가: 축제 프로그램을 봤어요?
나: 네, **노래 대회**에다가 **축하 공연**까지 있어서 기대돼요.

노래 대회, 축하 공연

① 물풍선 게임, 인형 뽑기 게임

② 동아리 작품 전시회, 체험 행사

③ 전통 의상 소개, 전통 의상 체험

④ 댄스 동아리 공연, 연극 동아리 공연

⑤ 한국어 말하기 대회, 한국어 퀴즈 대회

새 어휘

물풍선 게임　　　인형 뽑기 게임　　　전통 의상　　　한국어 퀴즈 대회

연습2

<보기>와 같이 이야기하십시오.

보기

요즘도 많이 바빠요?

네, 시험에다가 과제까지 많아서 바빠요.

(시험, 과제, 많다, 바쁘다)

① 환 씨, 어디 아파요?

(몸살, 감기, 걸리다, 많이 아프다)

② 잔느 씨, 고양이를 좋아해요?

물론이죠. (고양이, 강아지, 좋아하다, 둘 다 키우다)

③ 재영 씨가 친구들에게 인기가 많아요?

네, (공부, 운동, 잘하다, 인기가 많다)

④ 에밀리 씨, 우리 뭘 좀 먹으러 갈까요?

미안해요. 저는 조금 전에 (치킨, 피자, 먹다, 배가 부르다)

⑤ 타오 씨, 바람이 많이 부는데 춥지 않아요?

네, (스웨터, 코트, 입다, 안 춥다)

새 어휘 및 표현

몸살　　　　　　배가 부르다

어휘 및 표현 2

축제 관련 표현2

세계 음식을 맛보다

세계 전통 놀이를 체험하다

세계 전통 의상을 입어 보다

세계 전통 노래와 춤을 배우다

벼룩시장을 열다

여러 나라의 물건을 사고 팔다

말하기 2
일할 때 입을 전통 의상이에요.

악셀: 타오 씨, 그거 뭐예요?
타오: 아, 이거요? 일할 때 입을 전통 의상이에요.
악셀: 타오 씨에게 잘 어울릴 것 같아요. 그런데 무슨 일이에요?
타오: 오늘 세계 문화 축제가 있는데 거기에서 제가 통역을 하기로 했어요.
악셀: 타오 씨, 정말 대단하군요.
타오: 대단하기는요. 참, 악셀 씨도 시간이 있으면 놀러 오세요.
축제는 오늘부터 3일 동안 열리고 프로그램도 다양해서 재미있을 거예요.
악셀: 그래요? 무슨 프로그램이 있어요?
타오: 세계 전통문화 체험에다가 전통 춤까지 배울 수 있어요.
악셀: 정말 재밌겠군요. 꼭 가 볼게요.

- 타오는 오늘 축제에서 무엇을 해요?
- 축제에서는 무엇을 해 볼 수 있어요?

새 어휘

통역하다   다양하다

문법1 -(는)군요

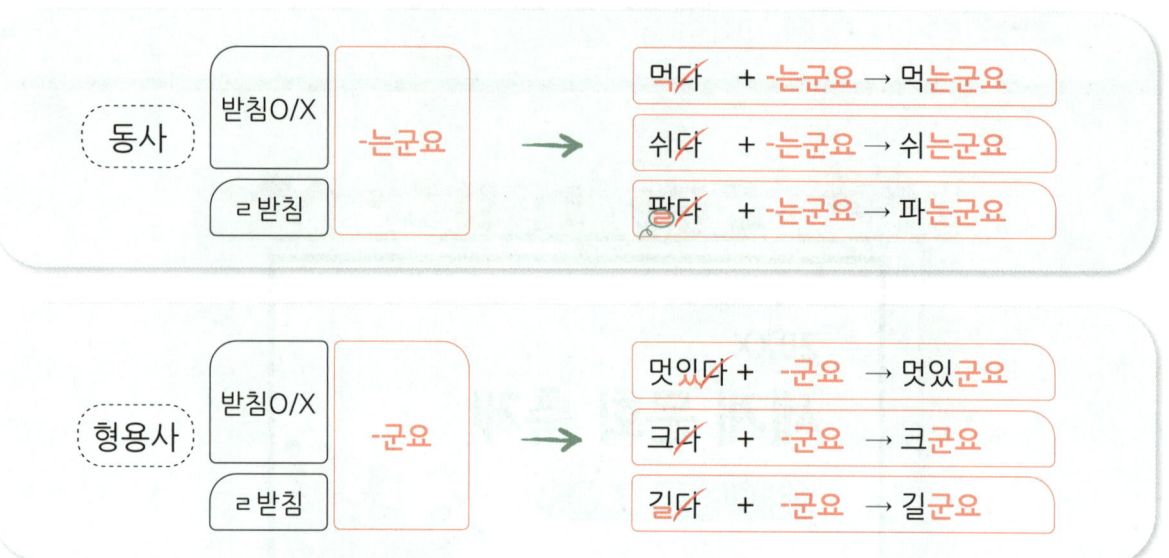

▸ 매운 음식을 잘 먹는군요.
▸ 옷이 정말 멋있군요.

▸ 가: 저 사람이 오마르 씨예요.
  나: 그래요? 오마르 씨는 키가 크군요.

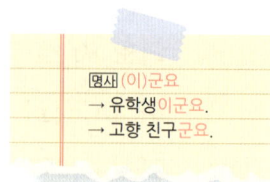

명사 (이)군요
→ 유학생이군요.
→ 고향 친구군요.

연습1 <보기>와 같이 이야기하십시오.

보기
- 5시부터 댄스 공연이 시작해요.
- 아, 그래서 이렇게 **사람이 많**군요.
  (사람이 많다)

① 공연이 밤 11시에 끝나요.
　그래요? (공연이 늦게 끝나다).

② 여기 좀 보세요. 벼룩시장을 하고 있어요.
　그렇네요. (세계 여러 나라 물건을 팔다).

③ 저녁에 장기자랑에 나가요.
　(의상이 정말 멋있다).

④ 저는 매일 5시에 일어나요.
　(정말 부지런하다).

⑤ 여기는 제 동생이에요.
　(악셀 씨 동생이다). 반가워요.

새 어휘

의상

<보기>와 같이 이야기하십시오.

보기
- 어제 축제에서 불꽃놀이도 했어요.
- 그래요? **프로그램이 정말 다양**했군요.
  (프로그램이 정말 다양하다)

① 늦은 시간에 연락해서 미안해요. 일이 방금 끝났어요.
　(일이 늦게 끝나다). 많이 피곤하겠어요.

② 저는 고등학교 때까지 부산에 살았어요.
　아, 그래서 (부산을 잘 알다).

③ 축제 준비에다가 공연 준비까지 해서 시간이 없었어요.
　그래요? (그동안 정말 바쁘다).

④ 타오 씨가 일찍 와서 교실 청소를 했어요.
　아, 그래서 (교실이 깨끗하다).

⑤ 마이클 씨는 내년 2월에 졸업해요.
　아, 그래요? (아직 학생이다).

문법2 -(으)ㄹ

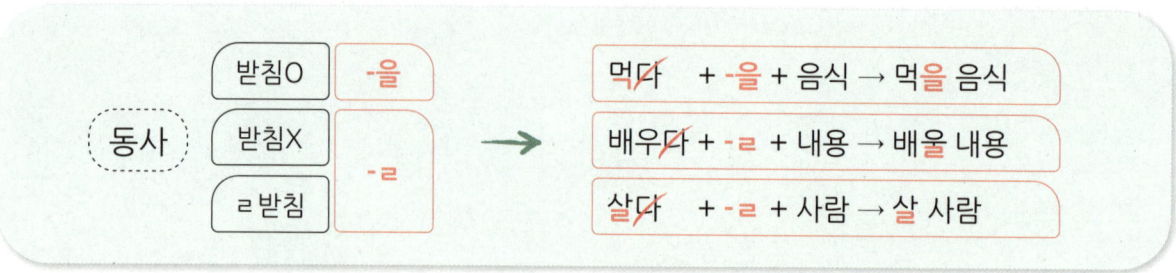

▸ 점심에 먹을 음식을 준비했어요.
▸ 기숙사에 살 사람은 내일까지 신청하세요.

▸ 가: 여러분, 내일 배울 내용을 미리 예습해 오세요.
　나: 네, 알겠습니다.

<보기>와 같이 이야기하십시오.

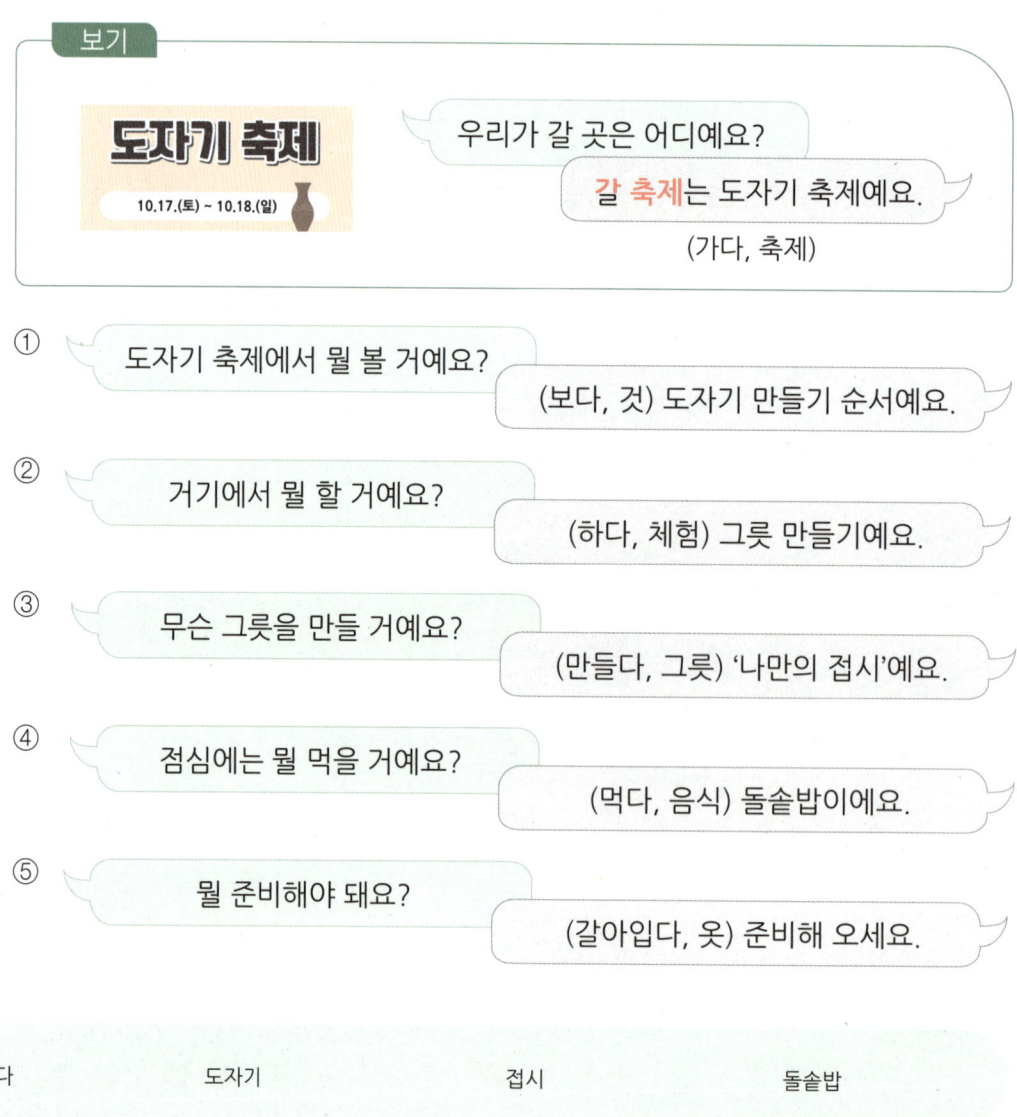

새 어휘
예습하다　　　도자기　　　접시　　　돌솥밥

연습2 <보기>와 같이 이야기하십시오.

> 보기
> 댄스 대회에 참가하려면 어떻게 해야 해요?
> **댄스 대회에 참가할 사람**은 먼저 저쪽에서 신청서를 써 주세요.
> (댄스 대회에 참가하다, 사람)

① 주말에 뭐 할 거예요?
　(모래 축제에 가다, 계획)이에요.

② 저녁에 같이 분수 쇼를 보러 갈래요?
　미안해요. 아르바이트가 있어서 (분수 쇼를 보다, 시간)이 없어요.

③ 잔느 씨는 왜 한국어를 배워요?
　나중에 (한국에서 취직하다, 생각)이에요.

④ 벌써 가세요?
　네, (기차가 오다, 시간)이 다 되었어요.

⑤ 수강 신청을 다 했어요?
　아니요, (다음 학기에 듣다, 수업)을 아직 못 정했어요.

> 새 어휘
> 모래 축제　　분수 쇼　　수강 신청

활동 🎧 듣고 말하기

듣기 1 들은 내용과 같은 것을 고르십시오.

①

②

③

④

듣기 2 들은 내용과 같은 것을 고르십시오.

① 축제는 3일 동안 열립니다.
② 대형 비빔밥을 만들어 팝니다.
③ 축제는 10월 5일에 시작합니다.
④ 참가 신청은 인터넷에서 합니다.

말하기 친구에게 소개하고 싶은 여러분 나라의 축제가 있어요? 그 축제는 어떤 축제예요? 이야기해 보십시오.

새 어휘 및 표현

행사 소식   대형   시민   나눠 주다   맞히다

활동  읽고 말하기

읽기 읽은 내용과 <u>다른</u> 것을 고르십시오.

가을 축제

- 행사 기간 : 20XX.10.17.(토) ~ 20XX.10.18.(일)
- 행사 장소 : 해변 공원

- 참가비　　: 무료
- 참가 방법 : 홈페이지 예약 (www.autumn_festival.com)
   (※행사장에서 접수 가능)

행사 안내

- 1일 차 : 바다 그림 그리기 대회, 해변 영화관
- 2일 차 : 해변 걷기 대회, 축하 공연

① 이 축제는 주말에 합니다.
② 이 축제는 2일 동안 열립니다.
③ 이 축제는 참가비가 없습니다.
④ 이 축제는 행사장에서 신청합니다.

말하기 오마르 씨가 학교 축제에 참가했어요. 오마르 씨에게 무슨 일이 있었어요? 이야기해 보십시오.

새 어휘

접수

활동 📖 쓰고 발표하기

쓰기 여러분이 직접 만들고 싶은 축제가 있습니까? 왜 그 축제를 만들고 싶습니까? 그 축제에서 무엇을 할 수 있습니까? 아래의 빈칸에 써 보십시오. 그리고 축제 포스터를 만들어 보십시오.

익힘책 90쪽 원고지 활용

처음
- 여러분이 직접 만들고 싶은 축제가 있습니까?
  - _____
  - _____
  - _____

중간
- 왜 그 축제를 만들고 싶습니까?
  - _____
  - _____
  - _____

끝
- 그 축제에서 무엇을 할 수 있습니까?
  - _____
  - _____
  - _____

발표하기 쓴 글을 발표해 보십시오.

- 행사 기간 :
- 행사 장소 :

- 참가비　　 :
- 참가 방법 :

행사 안내

- 1일 차　 :
- 2일 차　 :

학습 목표

한국에서 실수한 경험에 대해서 이야기할 수 있다.

어휘 및 표현 1

· 실수 관련 표현
· 동사/형용사-아/어/해서 동사-(으)ㄹ 뻔했어요

말하기 1

생선을 사러 시장에 갈 뻔했네요.

문법

· -았/었/했을 때
· -(으)ㄹ 뻔하다

어휘 및 표현 2

· 실수 관련 경험
· 동사-(으)ㄴ 적이 있어요

말하기 2

수저를 못 찾아서 당황한 적이 있어요.

문법

· -(으)ㄴ 적이 있다/없다

활동

듣고 말하기	· 실수 관련 경험을 듣고 이해하기 · 교통약자석에 대한 생각을 듣고 이해하기 · 기억에 남는 실수에 대해서 말하기
읽고 말하기	· 한국 문화에 관한 글 읽고 이해하기 · 한국과 자신의 나라와의 문화 차이에 대해서 말하기
쓰고 발표하기	· 한국에서 실수한 경험에 대해서 쓰고 발표하기

16과 실수와 경험

어휘 및 표현 1

실수 관련 표현

당황하다

부끄럽다

민망하다

속상하다

창피하다

깜짝 놀라다

얼굴이 빨개지다

가슴이 두근거리다

말하기 1
생선을 사러 시장에 갈 뻔했네요.

오마르: 엘레나 씨, 내일이 타오 씨 생일인데 '**생선**'은 샀어요?

엘레나: 생선이요? 타오 씨가 생선을 좋아해요?
　　　타오 씨가 좋아하는 걸 알려주면 제가 이따 시장에 가서 사 올게요.

오마르: 시장이요? '**생선**'을 사러 시장에 왜 가요?
　　　아, 맞다. '**생선**'! 생일 선물을 줄여서 이렇게 말하기도 해요.

엘레나: 그래요? 지금 알았어요. 정말 생선을 사러 시장에 갈 뻔했네요.

오마르: 그럴 수도 있죠. 저도 처음 들었을 때 물고기로 생각했어요.

발음
갈 뻔했네요
[갈 뻐넨네요]

- '**생선**'은 무엇의 줄임말이에요?
- 엘레나는 '**생선**'을 무엇으로 생각했어요?

새 어휘
줄임말

문법1 -았/었/했을 때

동사	ㅏ, ㅗ	-았을 때		오다 + -았을 때 → 왔을 때
	ㅏ, ㅗ X	-었을 때	→	먹다 + -었을 때 → 먹었을 때
	하다	했을 때		주문하다 + 했을 때 → 주문했을 때

▶ 처음 한국에 왔을 때 실수를 많이 했어요.

▶ 식당에서 한국어로 주문했을 때 직원이 깜짝 놀랐어요.

▶ 가: 타오 씨, 김치를 잘 먹네요.
  나: 네, 처음 먹었을 때는 너무 매웠는데 지금은 잘 먹어요.

연습1

<보기>와 같이 이야기하십시오.

보기

안녕하세요. 저는 한식을 좋아해서 한국에 왔어요….

가: 한국 생활에서 어떤 일이 기억에 남아요?
나: 처음 한국어로 발표를 했을 때가 가장 기억에 남아요.

처음 한국어로 발표를 하다

① 한국 음식을 처음 먹다

② 선생님께 한국어 실수를 하다

③ 친한 친구와 룸메이트가 되다

④ 가족들과 제주도에 여행을 가다

⑤ 좋아하는 가수의 콘서트를 보다

<보기>와 같이 이야기하십시오.

가: 처음 한국어를 배웠을 때 어땠어요?
나: 높임말이 많아서 어려웠어요.

처음 한국어를 배우다 /
높임말이 많아서 어렵다

① 시험 결과를 알다 / 점수가 나빠서 속상하다

② 한국에서 혼자 생활하다 / 혼자 있어서 외롭다

③ 혼자 해외여행을 가다 / 외국어를 못해서 걱정을 하다

④ 지난 학기에 기숙사에 살다 / 외국 친구들이 많아서 재미있다

⑤ 한국 식당에서 아르바이트를 하다 / 한국어를 잘 몰라서 당황하다

새 어휘

시험 결과

문법2 -(으)ㄹ 뻔하다

동사	받침O	-을 뻔하다		먹다 + -을 뻔하다 → 먹을 뻔하다
	받침X	-ㄹ 뻔하다	→	타다 + -ㄹ 뻔하다 → 탈 뻔하다
	ㄹ받침	-뻔하다		울다 + -뻔하다 → 울 뻔하다

▶ 늦잠을 자서 수업에 늦을 뻔했어요.
▶ 버스에 사람이 많아서 못 탈 뻔했어요.

▶ 가: 어제 본 영화는 어땠어요?
　나: 너무 무서워서 울 뻔했어요.

연습1
<보기>와 같이 이야기하십시오.

보기

가: 잔느 씨, 무슨 일이 있었어요? 왜 그렇게 얼굴이 빨개요?
나: 깜짝 놀라서 커피를 쏟을 뻔했어요.

깜짝 놀라서 커피를 쏟다

① 버스를 놓쳐서 지각하다
② 일이 많아서 모임에 못 가다
③ 바닥이 미끄러워서 넘어지다
④ 차가 고장이 나서 약속 시간에 늦다
⑤ 높임말을 잘 몰라서 선생님께 반말을 하다

새 어휘

쏟다　　　　　놓치다　　　　　미끄럽다

연습2

<보기>와 같이 이야기하십시오.

보기

오마르 씨의 집들이에 잘 다녀왔어요?

네, **약속이 있**어서 **못 갈** 뻔했는데 약속이 취소됐어요.
(약속이 있다, 못 가다)

① 운전면허 시험에 합격했어요?

(실수를 하다, 떨어지다) 다행히 합격했어요.

② 오늘 학교는 잘 갔어요?

(늦잠을 자다, 지각하다) 수업 10분 전에 도착했어요.

③ 콘서트 티켓은 샀어요?

네, (인기가 많다, 못 사다) 다행히 샀어요.

④ 동아리 가입 신청서는 냈어요?

네, (날짜가 지나다, 못 내다) 겨우 제출했어요.

⑤ 어제 축구 경기는 이겼어요?

아니요, 처음에는 (우리 팀이 잘하다, 거의 이기다) 마지막에 졌어요.

새 어휘

집들이   다행히   가입   겨우   지다

어휘 및 표현 2

실수 관련 경험

한국어를 잘못 말하다

교통약자석에 앉다

밥그릇을 들고 먹다

어른의 이름을 부르다

신발을 신고 집에 들어가다

건물 안에서 담배를 피우다

어른에게 손을 흔들면서 인사하다

말하기 2
수저를 못 찾아서 당황한 적이 있어요.

에밀리: 어제 식당에서 재미있는 일이 있었어요.
마르완: 무슨 일이 있었는데요?
에밀리: 주문한 음식이 나왔는데 수저가 없었어요.
마르완: 그래서 어떻게 했어요?
에밀리: 기다리다가 옆 사람이 꺼내는 것을 보고 알게 됐어요.
마르완: 수저가 어디에 있었는데요?
에밀리: 글쎄, 테이블 아래에 있는 서랍에 수저가 들어 있었어요.
마르완: 저도 처음에 수저를 못 찾아서 당황한 적이 있어요.

발음
당황한 적이 있어요
[당황한 저기 이써요]

- 에밀리는 어제 어떤 일이 있었어요?
- 수저는 어디에 있었어요?

새 어휘 및 표현

수저 서랍 들어 있다

문법1 -(으)ㄴ 적이 있다/없다

동사	받침O	-은 적이 있다/없다
	받침X	-ㄴ 적이 있다/없다
	ㄹ받침	-ㄴ 적이 있다/없다

쏟다 + -은 적이 있다/없다 → 쏟은 적이 있다/없다
실수하다 + -ㄴ 적이 있다/없다 → 실수한 적이 있다/없다
졸다 + -ㄴ 적이 있다/없다 → 존 적이 있다/없다

▸ 실수로 커피를 친구의 옷에 쏟은 적이 있어요.
▸ 너무 피곤해서 수업 시간에 존 적이 있어요.

▸ 가: 한국에서 실수한 적이 있어요?
　나: 네, 한국어를 잘못 이해해서 실수한 적이 있어요.

연습1

<보기>와 같이 이야기하십시오.

보기

수업에 지각하다

가: 수업에 지각한 적이 있어요?
나: 네, 지각한 적이 있어요.
　 / 아니요, 지각한 적이 없어요.

①
한국에서 길을 잃다

②
K-팝 콘서트에 가다

③
버스를 잘못 타다

④
진지 먹었어요?
한국어 실수를 하다

⑤
길을 가다가 지갑을 줍다

새 어휘 및 표현

졸다　　　　　길을 잃다

 **한국에서 실수한 적이 있어요? <보기>와 같이 이야기하십시오.**

보기

어른의 이름을 부르다

가: 한국에서 실수한 적이 있어요?
나: 네, 어른의 이름을 부른 적이 있어요.

① 어른에게 반말을 하다

② 밥그릇을 들고 밥을 먹다

③ 지하철에서 교통약자석에 앉다

④ 친구 집에 신발을 신고 들어가다

⑤ 어른에게 손을 흔들면서 인사하다

활동 🎧 듣고 말하기

듣기 1 들은 내용과 같으면 O, 다르면 X에 표시하십시오.

1) 여자는 버스에서 내리지 못했습니다. O X
2) 남자는 한국에서 실수한 적이 없습니다. O X
3) 여자는 고향에서 버스 벨을 안 누릅니다. O X

듣기 2 남자의 생각으로 맞는 것을 고르십시오.

① 교통약자석은 필요한 사람이 앉아야 합니다.
② 지하철에 교통약자석이 많이 있어야 합니다.
③ 교통약자석이 비어 있을 때는 앉아도 됩니다.
④ 할아버지, 할머니에게 자리를 양보해야 합니다.

말하기 기억에 남는 실수가 있어요? 어떤 실수를 했어요? 실수한 경험을 이야기해 보십시오.

활동  읽고 말하기

읽기 읽은 내용과 <u>다른</u> 것을 <u>모두</u> 고르십시오.

> 한국 사람들은 처음 만난 사람에게 나이를 잘 묻는다. 그래서 한국 문화를 잘 모르는 외국인들은 이 질문을 받으면 당황한다. 나이를 물어보는 이유는 한국어의 높임말 때문이다. 한국에서는 어른께 높임말을 쓰고 반말을 쓰지 않는다. 그리고 나이가 많은 사람은 어린 사람의 이름을 부를 수 있다. 그렇지만 나이가 어린 사람은 어른의 이름을 직접 부르지 않는다. 선생님이나 사장님, 선배, 형, 오빠 등으로 부른다.

① 한국에서는 어른에게 반말을 쓰면 안 됩니다.
② 한국에서는 어른에게 사용하는 단어가 다릅니다.
③ 한국 사람들은 외국인에게 나이를 묻지 않습니다.
④ 한국에서는 모든 사람의 이름을 직접 불러도 됩니다.

안녕하세요.
나이가 몇 살이에요?

말하기 한국과 여러분의 나라는 어떤 문화가 비슷해요? 그리고 어떤 문화가 달라요? 문화 차이에 대해서 이야기해 보십시오.

활동 📖 쓰고 발표하기

쓰기 한국에서 실수한 적이 있습니까? 어떤 실수를 했습니까? 실수를 한 후에 어떻게 했습니까? 아래의 빈칸에 쓰십시오.

익힘책 103쪽 원고지 활용

처음
- 한국에서 실수한 적이 있습니까?
  - _____
  - _____
  - _____

중간
- 어떤 실수를 했습니까?
  - _____
  - _____
  - _____

끝
- 실수를 한 후에 어떻게 했습니까?
  - _____
  - _____
  - _____

발표하기 쓴 글을 발표해 보십시오.

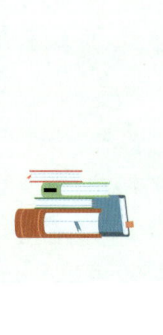

문화 4 — 한국 생활에 도움이 되는 사이트

▶ 한국어 공부에 도움이 되는 사이트

한국어기초사전

한국어기초사전(krdict.korean.go.kr)은 국립국어원에서 만든 한국어 학습 사전입니다. 11개의 언어로 번역을 제공하기 때문에 여러 나라 학습자의 한국어 학습에 도움이 됩니다.

한국어 맞춤법/문법 검사기

한국어 맞춤법/문법 검사기(speller.cs.pusan.ac.kr)는 한국어 문장의 맞춤법과 띄어쓰기를 확인할 수 있는 프로그램입니다. 수정해야 할 부분에 도움말이 함께 제시되어 한국어 쓰기 연습에 도움이 됩니다.

▶ 한국 생활에 도움이 되는 사이트

다누리

다누리(www.liveinkorea.kr)는 한국 생활 정보와 통역 상담을 지원합니다. '1577-1366'으로 전화하면 <다누리 콜센터>에서 13개 언어로 전문 상담원과 상담할 수 있습니다.

▶ 여러분이 알고 있는 한국 생활에 도움이 되는 사이트가 있습니까?
친구들에게 소개해 보십시오.

정답 및 예시

9과 안부　　30쪽 ~ 31쪽

▶ 듣기1 : ③

▶ 듣기2 : ②

▶ 읽기 : ③

10과 학교 시설　　46쪽 ~ 47쪽

▶ 듣기1 : ①

▶ 듣기2 : ③

▶ 읽기 : ④

11과 우체국과 은행　　62쪽 ~ 63쪽

▶ 듣기1 : ②-③-①-④

▶ 듣기2 : ①

▶ 읽기 : ②

12과 예약　　78쪽 ~ 79쪽

▶ 듣기1 : 1) X 2) O 3) X

▶ 듣기2 : ②

▶ 읽기 : ②

13과 집　　96쪽 ~ 97쪽

▶ 듣기1 : 1) ②-㉠ 2) ①-㉡

▶ 듣기2 : 1) ②　2) ②

▶ 읽기 : 1) ②　2) ①

14과 한국 생활　　112쪽 ~ 113쪽

▶ 듣기1 : 1) 1년-② 2) 4개월-①

▶ 듣기2 : ③

▶ 읽기 : ④

15과 축제　　132쪽 ~ 133쪽

▶ 듣기1 : ①

▶ 듣기2 : ④

▶ 읽기 : ④

16과 실수와 경험　　148쪽 ~ 149쪽

▶ 듣기1 : 1) X 2) X 3) O

▶ 듣기2 : ①

▶ 읽기 : ③, ④

듣기 지문

9과 듣기 1 여자의 현재 근황을 고르십시오. 30쪽

여: 시영아, 오랜만이야. 요즘 어떻게 지내?
남: 졸업하고 지금은 회사에 다니고 있어. 너는?
여: 나는 요즘 프랑스어를 배우고 있어.
남: 왜 프랑스어를 배워?
여: 내년에 프랑스로 유학을 가려고 해.
　　패션 디자인을 좀 더 공부하고 싶어.
남: 그래? 유학 가면 못 보겠네. 가기 전에 꼭 한잔하자.
여: 알았어. 연락할게.

9과 듣기 2 들은 내용과 같은 것을 고르십시오. 30쪽

여: 환, 요즘도 많이 바빠? 얼굴이 안 좋네.
남: 일은 바쁘지 않은데 새로 바뀐 룸메이트와
　　잠자는 시간이 달라서 좀 피곤해.
여: 룸메이트가 어때서 그래?
남: 나는 일찍 자는 편인데 룸메이트는 매일 늦게 자.
　　그런데 어젯밤에는 늦게까지 게임을 하는 거야.
　　게임 소리가 너무 시끄러워서 잠을 거의 못 잤어.
여: 와, 정말 힘들겠네.

10과 듣기 1 듣고 맞는 그림을 고르십시오. 46쪽

여: 저기, 실례지만 제가 기숙사 빨래방은 처음이라서요.
　　운동화를 세탁하고 싶은데 이용 방법을 잘 모르겠어요.
남: 아, 운동화요? 운동화는 저쪽 끝에 있는 세탁기를 사용하세요.
　　먼저 동전을 넣고 시작 버튼을 누르면 돼요.
여: 시작할 때 세제도 넣어야 해요?
남: 세제는 세탁기에서 나오니까 넣지 마세요.
여: 고맙습니다.

10과 듣기 2 들은 내용과 같은 것을 고르십시오. 46쪽

여: 어? 즉석 사진관이다. 우리 학교 휴게실에도 생겼네.
남: 어떻게 하는 거야?
여: 여기에 이용 방법이 있어. 내가 읽어 볼게.
　　우선 '배경을 선택한다.', 다음 '돈을 넣는다.',
　　마지막 '사진을 찍는다.'
남: 여기 보니까 사진을 찍다가 마음에 안 들면 다시 찍을 수 있어.
여: 그럼, 우리도 해 볼까? 어떤 포즈로 찍을래?
남: 나는 하트 포즈가 좋은데 너는 어때?
여: 좋아. 그럼, 찍어 보자.

11과 듣기 1 듣고 순서대로 번호를 쓰십시오. 62쪽

여: 실례합니다. ATM으로 돈을 찾으려고 하는데 어떻게 하면 돼요?
남: 네, 제가 도와드릴게요. 먼저 카드나 통장을 기계에 넣고
　　'출금' 버튼을 누르세요.
여: 네, 그다음은 어떻게 하면 돼요?
남: 다음은 비밀번호를 누르고 금액을 입력하시면 돼요.
여: 네, 감사합니다.

11과 듣기 2 들은 내용과 같은 것을 고르십시오. 62쪽

여: 어서 오세요. 무엇을 도와드릴까요?
남: 소포를 베트남으로 보내려고 하는데요. 비행기로 얼마나 걸릴까요?
여: 비행기로 3일 걸려요. 그런데 안에 뭐가 들어 있어요?
남: 화장품하고 노트북이 있어요.
여: 화장품은 비행기로 보낼 수 있는데 노트북은 배터리 때문에
　　못 보내요. 어떻게 하시겠어요?
남: 그럼, 배로 보내 주세요.
여: 네, 알겠습니다. 그런데 배로 보내면 한 달 이상 걸릴 수 있어요.

12과 듣기 1 들은 내용과 같으면 O, 다르면 X에 표시하십시오. 78쪽

남: 잔느 씨, 점심 먹으러 갈래요?
여: 좋아요. 그런데 어디에서 먹을 거예요?
남: 사거리에 새로 생긴 식당에 갈까 해요. 어때요?
여: 네, 한번 가 봐요. 그런데 사람이 많을까 봐 걱정이에요.
남: 거기는 앱으로 예약할 수 있으니까 제가 예약할게요.
여: 그럼, 마이클 씨가 예약하는 동안에 저는 리뷰를 찾아볼게요.

12과 듣기 2 들은 내용과 같은 것을 고르십시오. 78쪽

남: 여보세요? 거기 랑스 치과죠? 8일 토요일 2시로 예약했는데요. 예약 날짜를 바꾸려고요.
여: 성함이 어떻게 되세요?
남: 첸이에요.
여: 언제로 변경해 드릴까요?
남: 10일 오전으로 바꿀까 하는데 가능할까요?
여: 오전은 예약이 다 차서 안 되고 오후 2시는 가능한데 어떠세요?
남: 그럼, 2시로 해 주세요.

13과 듣기 1 유이와 시영이 지금 살고 있는 집입니다. 듣고 맞는 것을 연결하십시오. 96쪽

남: 유이 씨는 지금 어디에서 살고 있어요?
여: 저는 기숙사에서 살고 있어요.
남: 기숙사는 가구가 있어서 살기 편하죠?
여: 네, 맞아요. 가구를 따로 사지 않아도 되니까 돈이 많이 들지 않아서 좋아요. 시영 씨는요?
남: 저는 원룸에서 살고 있어요.
여: 원룸은 어때요?
남: 지금 살고 있는 곳은 햇빛이 잘 안 들어와서 방이 어두워요. 그래서 햇빛이 잘 들어오는 곳으로 이사했으면 좋겠어요.

13과 듣기 2 다음을 듣고 맞는 것을 고르십시오. 96쪽

여: 오마르 씨, 이사한 집은 어때요?
남: 새로 지은 집이라서 방이 넓고 깨끗해요.
여: 그래요? 새집이면 집세가 비쌀 것 같은데요.
남: 네, 그래서 룸메이트를 구할 수밖에 없어요.
여: 아, 룸메이트랑 같이 살면 돈을 반만 내면 되네요.
남: 그렇죠. 그런데 룸메이트를 구하기가 어려워요.
여: 마침 제 친구 중에서 지금 집을 구하는 사람이 있어요.
남: 정말요? 어떤 사람이에요?
여: 우즈베키스탄 친구예요. 한국어랑 영어를 잘해서 같이 살기가 불편하지 않을 거예요. 제가 소개해 줄게요.
남: 고마워요.

14과 듣기 1 들은 내용과 같은 것을 고르십시오. 112쪽

1번)
여: 마이클 씨는 한국에 언제 왔어요?
남: 작년 2월에 왔으니까 한국에 온 지 일 년이 됐어요.
여: 왜 한국에 왔어요?
남: 대학교에 들어가려고 왔어요.

2번)
여: 오마르 씨는 한국에서 산 지 6개월이 넘었지요?
남: 네, 에밀리 씨는 한국에 온 지 얼마나 됐어요?
여: 저는 4개월이 됐어요. 오마르 씨는 어떻게 한국에 오게 됐어요?
남: 제가 한국 웹툰을 좋아해서 웹툰을 배우려고 왔어요. 에밀리 씨는요?
여: 한국 친구 때문에 한국 문화를 좋아하게 됐어요. 그래서 한국에 왔어요.

14과 듣기 2 — 들은 내용과 같은 것을 고르십시오. 112쪽

여: 안녕하세요? 사키라고 합니다. 반갑습니다.
남: 네, 반갑습니다. 사키 씨는 한국에서 아이돌로 활동한 지 얼마나 됐어요?
여: 벌써 3년이 넘었어요.
남: 와, 오래됐네요. 처음에는 한국 생활이 많이 힘들었지요?
여: 네, 처음에는 한국 문화도 모르고 한국어도 잘 못해서 힘들었어요. 그런데 멤버들 덕분에 한국 문화도 잘 이해하고 한국어도 잘하게 됐어요.
남: 그럼, 멤버들에게 고마운 마음을 전하시겠어요?
여: 좀 부끄럽지만 해 볼게요.
'사랑하는 멤버들아, 내 마음 알고 있지? 항상 고마워.'
남: 멤버들이 좋아하겠네요. 그럼, 다음 질문하겠습니다.

15과 듣기 1 — 들은 내용과 같은 것을 고르십시오. 132쪽

남: 샤오민 씨, 어제 학교 축제 재미있었어요?
여: 정말 재미있었어요. 마이클 씨는 어제 안 갔어요?
남: 네, 꼭 가 보고 싶었는데 못 갔어요. 저는 그때 도서관에서 과제를 했어요.
여: 그래요? 연예인 축하 공연에다가 댄스 동아리 공연도 있었어요.
남: 와, 좋았겠어요. 오늘도 연예인 축하 공연이 있어요?
여: 아니요. 오늘은 축제 마지막 날이라서 불꽃놀이만 해요. 그래도 꼭 한번 가 보세요.

15과 듣기 2 — 들은 내용과 같은 것을 고르십시오. 132쪽

여: 다음은 행사 소식입니다. 전주비빔밥 축제가 10월 6일부터 9일까지 열립니다. 이 축제에서는 대형 비빔밥을 만들어 축제에 참여한 모든 시민에게 무료로 나눠 주는 행사를 합니다. 행사 기간에는 비빔밥 재료 맞히기 퀴즈에다가 나만의 비빔밥 만들기 대회도 열립니다. 대회는 누구나 참가할 수 있습니다. 대회에 참가하실 분은 10월 5일까지 행사 홈페이지에 신청하시면 됩니다. 많은 참여 부탁드립니다.

16과 듣기 1 — 들은 내용과 같으면 O, 다르면 X에 표시하십시오. 148쪽

남: 샤오민 씨, 왜 이렇게 늦었어요? 영화가 곧 시작하겠어요.
여: 미안해요. 버스에서 벨을 안 눌러서 못 내릴 뻔했어요.
남: 그랬군요. 저도 한국에 처음 왔을 때 비슷한 실수를 한 적이 있어요.
여: 중국은 지역마다 다른데 우리 고향은 벨을 안 눌러도 버스 정류장마다 멈춰요.
남: 아, 그래요? 하지만 한국에서는 버스에서 내릴 때 벨을 꼭 눌러야 돼요.

16과 듣기 2 — 남자의 생각으로 맞는 것을 고르십시오. 148쪽

여: 시영 씨, 우리 저기에 앉아요. 자리가 비었어요.
남: 아, 저기는 몸이 불편한 사람이나 할아버지, 할머니께서 앉는 자리예요.
여: 지금 지하철 안에 이 자리를 이용하는 사람이 아무도 없는데 앉으면 안 돼요?
남: 그렇지만 저는 평소에 자리가 비었을 때도 안 앉아요.
여: 아, 그래요? 아무도 없는데 자리에 앉아 있다가 양보해 주면 되지 않아요?
남: 그래도 그분들이 바로 앉을 수 있어야 하니까요.

어휘 · 표현 색인

9과 안부

고등학교 ········· 29
남자/여자 친구가 생기다 ······ 26
남자/여자 친구와 헤어지다 ····· 26
대단하다 ········· 21
매일 똑같아. ······ 20
매일 똑같아요. ····· 20
밤늦다 ··········· 30
별일 없어. ········ 20
별일 없어요. ······· 20
아르바이트를 시작하다 ···· 26
여자 친구가 생기다 ····· 21
영상 콘텐츠 ······· 21
오랜만이야. ······· 20
오랜만이에요. ····· 20
요즘 바빠. ········ 20
요즘 바빠요. ······ 20
요즘 어떻게 지내? ··· 20
요즘 어떻게 지내요? ·· 20
월급 ············· 28
일을 잠시 쉬고 있다 ·· 26
일이 많아. ········ 20
일이 많아요. ······ 20
잘 지내. ·········· 20
잘 지내요. ········ 20
잠시 ············· 21
정신이 없다 ······· 27
지금 통화 괜찮아요? · 25
키우다 ··········· 29
통화하다 ········· 29
특별한 일 없어? ··· 20
특별한 일 없어요? · 20
회사를 옮기다 ···· 26
휴가를 다녀오다 ··· 26

10과 학교 시설

검색하다 ········· 36
고장이 나다 ······ 45
궁금하다 ········· 45
꺼내다 ··········· 45
노트북 이용실 ···· 36
대출하다 ········· 36
도서 검색대 ······ 36
동전 ············· 46
무인 반납기 ······ 36
미끄러지다 ······· 45
반납되다 ········· 37
반납하다 ········· 36
발표 자료 ········ 37
배경 ············· 46
북 카페 ··········· 36
빌려 가다 ········ 37
빨래방 ··········· 46
세미나실 ········· 36
세제 ············· 46
세탁기 ··········· 46
세탁하다 ········· 46
셔틀버스 ········· 42
스터디 룸 ········ 36
안내 데스크 ······ 36
안내 문자 ········ 37
안내문을 읽다 ···· 40
안내문을 확인하다 · 40
안되다 ··········· 44
어리다 ··········· 45
열람실 ··········· 36
옮기다 ··········· 41
우선 ············· 41
음료 ············· 47
이용 방법 ········ 40
이용 방법을 묻다 ·· 40
이용 시간 ········ 40
제목 ············· 38
주의 사항을 확인하다 ···· 40
즉석 사진관 ······ 46
지키다 ··········· 47
충분하다 ········· 41
태권도 ··········· 45
포즈 ············· 46
학기가 시작하다 ··· 42
회 ··············· 47

11과 우체국과 은행

교통비 ··········· 57
구청 ············· 59
금방 ············· 54
기념 우표 ········ 58
꽃가루 알레르기 ··· 55
돈을 넣다 ········ 56
돈을 보내다 ······ 56
돈을 뽑다/찾다 ··· 56
만두 ············· 55
모바일 뱅킹 ······ 56
무게가 가볍다 ···· 52
무게가 무겁다 ···· 52
무게를 재다 ······ 52
물건을 포장하다 ·· 52
배송이 느리다 ···· 52
배송이 빠르다 ···· 52
배터리 ··········· 62
벽 ··············· 61
병실 ············· 60
비자를 연장하다 ·· 58
비자를 연장하다 ·· 58
서명하다 ········· 57
소포/택배를 보내다 · 52
쇼핑 포인트 ······ 57
수술 ············· 61
신분증 ··········· 57
신청서 ··········· 57
아껴 쓰다 ········ 61
요금 ············· 54
은행 계좌 ········ 56
이상 ············· 62
이틀 ············· 53
잔액을 확인하다 ·· 56
정해지다 ········· 60
제출하다 ········· 61

증명사진 ········· 63	창문을 닦다 ········· 76	위치가 좋다 ········· 90
체크 카드/신용 카드 ····· 56	취소 수수료를 내다 ····· 72	작은방 ········· 86
크기가 작다 ········· 52	코스 요리 ········· 70	정리를 잘하다 ········· 93
크기가 크다 ········· 52	크루즈 ········· 70	조건 ········· 91
태풍 ········· 54	퇴근하다 ········· 76	주변이 시끄럽다 ········· 90
택배비 ········· 54	피 검사 ········· 70	주변이 조용하다 ········· 90
편지를 부치다 ········· 58	헤어스타일 ········· 71	주차하다 ········· 88
표지판 ········· 61	혼나다 ········· 75	중고 가구 ········· 97
현금 인출기(ATM) ····· 56		집세가 비싸다 ········· 91
환전하다 ········· 58		집세가 싸다 ········· 91
		찬물 ········· 95
		창고 ········· 88

12과 예약

13과 집

가능하다 ········· 69	거리가 가깝다 ········· 90
고깃집 ········· 71	거리가 멀다 ········· 90
굽다 ········· 77	거실 ········· 86
금액을 환불받다 ········· 72	건물이 오래되다 ········· 90
날짜를 선택하다 ········· 68	교통이 불편하다 ········· 90
다음 날 ········· 79	교통이 편리하다 ········· 90
디저트 ········· 77	규칙 ········· 97
렌즈 ········· 70	규칙을 잘 지키다 ········· 93
바닥을 쓸다 ········· 76	그랬구나 ········· 87
바비큐 장비 ········· 79	급 ········· 89
벤치 ········· 76	깔끔하다 ········· 93
병원비 ········· 76	나누다 ········· 96
쓰레기봉투 ········· 79	냄새 ········· 94
안경점 ········· 70	데려오다 ········· 97
연락처 ········· 69	도로 ········· 94
예약 날짜를 변경하다 ····· 72	두다 ········· 88
예약 내용을 확인하다 ····· 68	따로 ········· 96
예약 시간을 바꾸다 ········· 72	마침 ········· 96
예약 인원을 변경하다 ····· 72	몸이 불편하다 ········· 91
예약 정보를 입력하다 ····· 68	바라다 ········· 89
예약을 취소하다 ········· 72	베란다 ········· 86
예약이 다 차다 ········· 78	부동산 ········· 91
외식하다 ········· 71	부엌 ········· 86
요금을 내다 ········· 68	빨래를 널다 ········· 88
우선 탑승권 ········· 74	새 건물이다 ········· 90
인원을 선택하다 ········· 68	안방/큰방 ········· 86
자리를 고르다 ········· 68	욕실/화장실 ········· 86
	월세가 오르다 ········· 95
	위치가 나쁘다 ········· 90

특별히 ········· 91
한국어능력시험 ········· 89
합격하다 ········· 89
햇빛이 잘 들어오다 ········· 90
현관 ········· 86

14과 한국 생활

결심하다 ········· 106
고마운 사람들을 만나다 ········ 108
관심이 있다 ········· 106
그냥 ········· 103
그립다 ········· 105
기억에 남다 ········· 108
넘다 ········· 105
노력하다 ········· 113
높임말을 사용하다 ········· 102
마음을 전하다 ········· 108
많아지다 ········· 113
매운 음식을 잘 먹다 ········· 102
멤버 ········· 112
모습 ········· 113
반년 ········· 105
발음이 좋다 ········· 110
생각이 나다 ········· 108
생활에 만족하다 ········· 102
얼마 안 되다 ········· 103
음식이 입에 맞다 ········· 102

이상하다 ······ 103	예습하다 ······ 130	수저 ······ 145
추억 여행을 가다 ······ 108	의상 ······ 127	시험 결과 ······ 141
추억을 만들다 ······ 108	인형 뽑기 게임 ······ 122	신발을 신고 집에 들어가다 ······ 144
추천하다 ······ 106	장기자랑 ······ 121	쏟다 ······ 142
퍼즐을 맞추다 ······ 110	전시회 ······ 118	어른에게 손을 흔들면서 인사하다 144
한국 날씨에 적응하다 ······ 102	전통 의상 ······ 122	어른의 이름을 부르다 ······ 144
한국 사람들과 어울리다 ······ 102	접수 ······ 133	얼굴이 빨개지다 ······ 138
한국 생활에 익숙해지다 ······ 102	접시 ······ 130	졸다 ······ 146
홈스테이하다 ······ 107	참가 신청을 하다 ······ 118	줄임말 ······ 139
활동하다 ······ 112	체험 행사 ······ 118	지다 ······ 143
힘내다 ······ 113	축제 프로그램 ······ 118	집들이 ······ 143
	축제가 열리다 ······ 118	창피하다 ······ 138
	축제를 하다 ······ 118	한국어를 잘못 말하다 ······ 144
15과 축제	축제에 가다 ······ 118	
	축제에 참가하다 ······ 118	
1등을 하다 ······ 119	축하 공연 ······ 118	
강당 ······ 121	통역하다 ······ 125	
공연을 보다 ······ 118	한국어 퀴즈 대회 ······ 122	
나눠 주다 ······ 132	행사 소식 ······ 132	
노래 대회 ······ 119	행사장 ······ 121	
다양하다 ······ 125		
대형 ······ 132		
도자기 ······ 130	**16과 실수와 경험**	
돌솥밥 ······ 130		
들르다 ······ 121	가슴이 두근거리다 ······ 138	
맞히다 ······ 132	가입 ······ 143	
모래 축제 ······ 131	건물 안에서 담배를 피우다 ······ 144	
몸살 ······ 123	겨우 ······ 143	
물풍선 게임 ······ 122	교통약자석에 앉다 ······ 144	
배가 부르다 ······ 123	길을 잃다 ······ 146	
벼룩시장을 열다 ······ 124	깜짝 놀라다 ······ 138	
분수 쇼 ······ 131	놓치다 ······ 142	
상금 ······ 119	다행히 ······ 143	
상품 ······ 119	당황하다 ······ 138	
세계 음식을 맛보다 ······ 124	들어 있다 ······ 145	
세계 전통 노래와 춤을 배우다 124	미끄럽다 ······ 142	
세계 전통 놀이를 체험하다 ······ 124	민망하다 ······ 138	
세계 전통 의상을 입어 보다 ······ 124	밥그릇을 들고 먹다 ······ 144	
수강 신청 ······ 131	부끄럽다 ······ 138	
시민 ······ 132	서랍 ······ 145	
여러 나라의 물건을 사고 팔다 124	속상하다 ······ 138	

출처 표기

[Freepik]
https://kr.freepik.com/

9과 안부 21쪽; 22쪽; 27쪽; 28쪽; 29쪽; 30쪽; 10과 학교 시설 44쪽; 11과 우체국과 은행 53쪽; 54쪽; 57쪽; 58쪽; 60쪽; 61쪽; 12과 예약 69쪽; 70쪽; 71쪽; 73쪽; 74쪽; 76쪽; 77쪽; 78쪽; 문화3 예약하는 방법 82쪽; 83쪽; 13과 집 88쪽; 93쪽; 95쪽; 14과 한국 생활 104쪽; 106쪽; 109쪽; 110쪽; 112쪽; 113쪽; 15과 축제 119쪽; 120쪽; 125쪽; 16과 실수와 경험 139쪽; 140쪽; 141쪽; 142쪽; 146쪽; 147쪽; 문화4 한국어 공부와 한국 생활에 도움이 되는 사이트 152쪽; 153쪽;

[Photo AC]
https://www.photo-ac.com/

10과 학교 시설 41쪽; 13과 집 91쪽; 94쪽; 96쪽; 14과 한국 생활 112쪽; 16과 실수와 경험 148쪽;

[Pexels]
https://www.pexels.com/ko-kr/

10과 학교 시설 37쪽;

[공공누리]
https://www.kogl.or.kr/index.do

11과 우체국과 은행 60쪽;
* 출처 - [인천광역시(https://www.kogl.or.kr/recommend/recommendDivView.do?atcUrl=personal&recommendIdx=31437&division=img)]

[대한민국역사박물관 근현대사아카이브]
https://archive.much.go.kr/

10과 학교 시설 38쪽;
* 출처 - [서울특별시립 남산도서관(https://archive.much.go.kr/data/01/folderView.do?jobdirSeq=584&idnbr=2016037751)]

문화3 예약하는 방법
82쪽; 병원
*출처 - [전남대학교병원(https://archive.much.go.kr/data/01/folderView.do)]
83쪽; 우체국
* 출처 - [서울중앙우체국(https://archive.much.go.kr/data/01/folderView.do?jobdirSeq=555&idnbr=2016035482)]
83쪽; 출입국·외국인사무소
* 출처 - [청주국제공항(https://archive.much.go.kr/data/01/folderView.do?jobdirSeq=1488&idnbr=2019045289)]

랑스한국어 2B

기획	랑스 주식회사 (랑스코리아)
지은이	랑스한국어연구소 (집필진 l 민혜경, 김리라, 정대우, 정진현) 　　(보조 집필) 조민정, 박상아

초판 1쇄 인쇄	2023년 10월 23일
초판 1쇄 발행	2023년 10월 26일

ISBN 979-11-984320-1-8
ISBN 979-11-978314-7-8 (세트)

Copyright. 2023. 랑스 주식회사

이 책의 저작권은 랑스 주식회사에 있습니다.
저작권자의 허락 없이 내용의 일부를 인용하거나
발췌하는 것을 금합니다.

출판	랑스 주식회사 (48082) 부산광역시 해운대구 좌동로 67, 2층 전화 l +82-51-965-1000 전송 l +82-50-4202-5193 전자우편 l info@langscorp.com 홈페이지 l www.langskorea.co.kr (영어) 　　　　　 www.langskorea.com (일본어)

총괄 l 박시영
일러스트 l 천지인
편집/디자인 l 박상아, 천지인
목소리 녹음 l 임성수, 김선현

* 잘못된 책은 구입하신 서점 및 기관에서 교환해 드립니다.
* 정가는 표지에 표기되어 있습니다.

목차

9과 안부 4

10과 학교 시설 16

11과 우체국과 은행 28

12과 예약 40

13과 집 52

14과 한국 생활 64

15과 축제 76

16과 실수와 경험 92

정답 및 예시 105

9과 안부

어휘와 표현 1

안부 관련 표현

▶ 빈칸을 채우십시오.

오랜만이에요.	오랜만이야.
요즘 어떻게 지내요?	1)
특별한 일 없어요?	2)

잘 지내요.	3)
별일 없어요.	4)
매일 똑같아요.	5)
요즘 바빠요.	6)
일이 많아요.	7)

문법 1

반말1(-아/어/해)

1 다음 표를 완성하십시오.

	-아/어/해	-았/었/했어
먹다		
보다		
좋아하다		
많다		
크다		
깨끗하다		

	(이)야	이었어/였어
병원		
배우		

2 <보기>와 같이 대화를 완성하십시오.

보기

지하철역 옆에 있다

가: 이 근처에 서점이 있어?
나: <u>지하철역 옆에 있어</u>.

1) 학교 근처에 살다

   가: 지금 어디에 살아?
   나: _____.

2) 날씨가 춥다

   가: 요즘 날씨가 어때?
   나: _____.

3) 친구를 만나다

   가: 어제 수업 끝나고 뭐 했어?
   나: _____.

4) 기분이 좋다

   가: 오늘 기분이 어땠어?
   나: _____.

5) 제 가방

   가: 저건 누구 가방이야?
   나: _____.

6) 김치찌개

   가: 가장 좋아하는 음식이 뭐야?
   나: _____.

3 <보기>와 같이 대화를 완성하십시오.

보기

가: 재영 씨, 어제 뭐 했어요? → 가: 재영아, 어제 뭐 했어___?
나: 저는 집에서 드라마를 봤어요.   나: 나는 집에서 드라마를 봤어.

1) 가: 마이클 씨, 볼펜 있어요? → 가: _____?
   나: 아니요, 볼펜이 없어요.   나: _____.

2) 가: 이 신발은 어때요? → 가: _____?
   나: 저한테는 조금 작아요.   나: _____.

3) 가: 유이 씨 동생은 키가 커요? → 가: _____?
   나: 네, 제 동생은 키가 커요.   나: _____.

4) 가: 엘레나 씨는 뭐 먹을 거예요? → 가: _____?
   나: 저는 비빔밥이 먹고 싶어요.   나: _____.

5) 가: 시영 씨와는 어떻게 알아요? → 가: _____?
   나: 고등학생 때 같은 반이었어요.   나: _____.

6) 가: 저 사람은 누구예요? → 가: _____?
   나: 제 친구예요.   나: _____.

문법 2

반말2(-자, -지, -(으)ㄹ래, -(으)ㄹ까)

1 다음 표를 완성하십시오.

	-자	-지?	-(으)ㄹ래?	-(으)ㄹ까?
앉다				
*듣다				
가다				
작다				
예쁘다				

2 <보기>와 같이 대화를 완성하십시오.

보기

우리 집에 오다

가: 주말에 우리 집에 <u>올래</u>?
나: 그래, 갈게.

① 이 옷을 팔다

가: _____?
나: 네가 잘 안 입는 옷이면 팔아.

② 같이 점심 먹으러 가다

가: _____?
나: 좋아, 학교 앞 식당으로 가자.

③ 이 불고기가 맛있다

가: _____?
나: 그래? 나는 별로야.

④ 새로 산 모자가 예쁘다

가: _____?
나: 응, 너한테 잘 어울리네.

⑤ 내일이 휴일이다

가: _____?
나: 응, 넌 뭐 할 거야?

⑥ 저 사람이 환의 동생이다

가: _____?
나: 맞아, 환이랑 같이 있는 것도 봤어.

3 <보기>와 같이 대화를 완성하십시오.

보기

가: 주말에 같이 드라이브 갈래요?
나: 좋아요. 우리 바다로 가요.

→

가: 주말에 같이 드라이브 갈래?
나: 좋아. 우리 바다로 가자.

1) 가: 에어컨을 켤까요?
   나: 네, 켜 주세요.
   → 가: _____?
      나: _____.

2) 가: 방학에 여행은 어디로 갈까요?
   나: 여름이니까 바다로 가요.
   → 가: _____?
      나: _____.

3) 가: 이 가수 잘생겼지요?
   나: 네, 잘생겼네요.
   → 가: _____?
      나: _____.

4) 가: 수아 씨, 짐이 좀 무겁지요?
   나: 괜찮아요. 혼자 들 수 있어요.
   → 가: _____?
      나: _____.

5) 가: 첸 씨, 이쪽으로 와 줄래요?
   나: 네, 지금 바로 갈게요.
   → 가: _____?
      나: _____.

6) 가: 재영 씨, 저녁에 테니스 치러 갈래요?
   나: 미안해요. 오늘은 머리가 아파서 좀 쉴래요.
   → 가: _____?
      나: _____.

9과 안부 — 어휘와 표현 2

근황 관련 표현

▶ <보기>에서 알맞은 것을 골라 문장을 완성하십시오.

보기

회사를 옮기다	휴가를 다녀오다
일을 잠시 쉬고 있다	아르바이트를 시작하다
남자/여자 친구가 생기다	남자/여자 친구와 헤어지다

1) 지난달까지는 일을 했지만, 지금은 _____.

2) 지금 다니는 회사가 저랑 안 맞아서 다음 달에 _____.

3) 대학교 학비를 벌려고 _____.

4) 얼마 전에 _____. 이번 주말에 첫 데이트를 해요.

5) 친구가 _____ 기분이 안 좋아요.

6) 일주일 동안 제주도로 _____.

문법 1

| 동사 -는데 / 형용사 -(으)ㄴ데 / 명사 인데/ㄴ데 (대조) |

1 다음 표를 완성하십시오.

동사 -는데

듣다		
오다	-는데	
*살다		

형용사 -(으)ㄴ데

작다		
좁다	-은데	
*덥다		
비싸다		
예쁘다	-ㄴ데	
*길다		

명사 인데/ㄴ데

학생	인데	
회사	ㄴ데	

2 <보기>와 같이 문장을 완성하십시오.

> **보기**
>
> 동생은 머리가 길어요. 저는 머리가 짧아요.
> → 동생은 머리가 긴데 저는 머리가 짧아요.

1) 유이는 수영을 잘해요. 마이클은 수영을 못해요.

   → _____.

2) 저는 매운 음식을 잘 먹어요. 형은 매운 음식을 잘 못 먹어요.

   → _____.

3) 우리 집은 거실은 따뜻해요. 방은 추워요.

   → _____.

4) 이 길은 낮에는 사람이 적어요. 밤에는 사람이 많아요.

   → _____.

5) 마르완의 가방은 무거워요. 악셀의 가방은 가벼워요.

   → _____.

6) 한국은 여름이에요. 브라질은 겨울이에요.

   → _____.

3 <보기>와 같이 대화를 완성하십시오.

보기

축구를 좋아하다,
잘하지는 못하다

가: 축구를 좋아해요?
나: 네, 제가 <u>축구를 좋아하는데 잘하지는 못해요</u>.

1 매일 공원을 걷다,
살이 안 빠지다

가: 무슨 고민 있어요?
나: 네, 제가 _____.

2 공부를 열심히 하다,
성적은 안 좋다

가: 잔느 씨는 공부를 열심히 하네요. 성적도 좋지요?
나: 아, 잔느는 _____.

3 음식 양은 많다,
맛이 없다

가: 저 가게에서 먹어 봤어요?
나: 네, 저 가게는 _____.

4 가격은 비싸다,
튼튼하지 않다

가: 이 노트북을 살까요?
나: 이 노트북은 _____.

5 전공이 영어이다,
영어를 잘 못하다

가: 전공이 뭐예요?
나: 제가 _____.

6 중학생이다,
나보다 키가 크다

가: 저 사람이 동생이에요? 키가 엄청 크네요.
나: 네, 동생은 _____.

▶ 9과 긴 글 쓰기 원고지

10과 학교 시설   어휘와 표현 1

도서관 관련 표현

▶ <보기>에서 알맞은 것을 골라 쓰십시오.

보기
| 열람실 | 북 카페 | 세미나실 | 스터디 룸 |
| 안내 데스크 | 도서 검색대 | 무인 반납기 | 노트북 이용실 |

1) 열람실

2)

3)

4)

5)

6)

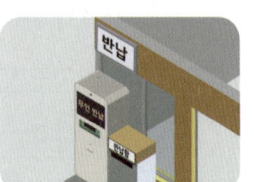
7)

8)

문법 1

동사 -는데 / 형용사 -(으)ㄴ데 / 명사 인데/ㄴ데 (배경)

1 다음 표를 완성하십시오.

동사 -는데

앉다	-는데	
찾다		
빌리다		
예약하다		

열다	-는데	
울다		

형용사 -(으)ㄴ데

많다	-은데	
넓다		
크다	-ㄴ데	
피곤하다		

길다	-ㄴ데	
힘들다		

명사 인데/ㄴ데

도서관	인데	
카페	ㄴ데	

2 <보기>와 같이 대화를 완성하십시오.

> **보기**
>
> 찾는 책이 없다 / 가: 찾는 책이 없는데 어떻게 해야 돼요?
> 책을 신청하다 나: 도서관 홈페이지에서 책을 신청하면 돼요.

1) 회의 장소를 찾고 있다 /
   세미나실을 이용하다

   가: _____ 어떻게 해야 돼요?
   나: _____.

2) 새로 나온 책을 보고 싶다 /
   도서관 입구에서 확인하다

   가: _____ 어디에서 볼 수 있어요?
   나: _____.

3) 스터디 룸 이용 시간이 끝났다 /
   정리하고 나오다

   가: _____ 어떻게 해야 돼요?
   나: 스터디 룸을 _____.

4) 주말에 책을 반납하고 싶다 /
   무인 반납기에 넣다

   가: _____ 어떻게 해야 돼요?
   나: _____.

5) 열람실이 시끄럽다 /
   안내 데스크에 이야기하다

   가: _____ 어떻게 해야 돼요?
   나: _____.

6) 여기 안내 데스크이다 /
   예약한 책을 찾아오다

   가: _____ 이제 뭐 하면 돼요?
   나: 제가 _____.

3 <보기>와 같이 대화를 완성하십시오.

보기1
카페에 사람이 많다,
도서관에 가다

가: 카페에 사람이 많은데 도서관에 갈까요?
나: 그게 좋겠어요.

보기2
시간이 없다,
책을 대신 반납하다

가: 시간이 없는데 책을 대신 반납해 주세요.
나: 알겠어요.

1) 열람실이 답답하다,
북 카페로 옮기다

가: _____?
나: 네, 저도 좀 답답했어요.

2) 식당에 줄이 길다,
다른 식당에서 먹다

가: _____?
나: 좋아요. 줄이 너무 기네요.

3) 수아 씨 생일이다,
선물을 준비하다

가: _____?
나: 그래요. 수아 씨가 좋아할 거예요.

4) 비가 오다,
우산을 좀 빌리다

가: _____.
나: 여기요. 이 우산을 쓰세요.

5) 주문한 커피가 아니다,
커피를 바꾸다

가: _____.
나: 손님, 죄송합니다.

6) 깜박하고 모임 사진을 못 찍었다,
찍은 사진을 좀 보내다

가: _____.
나: 알겠어요. 나중에 이메일로 보내 줄게요.

10과 학교 시설 — 어휘와 표현 2

학교 시설 관련 표현

▶ <보기>에서 알맞은 것을 골라 쓰십시오.

보기

| 주의 사항 | 이용 방법 |
| 이용 시간 | 이용 안내문 |

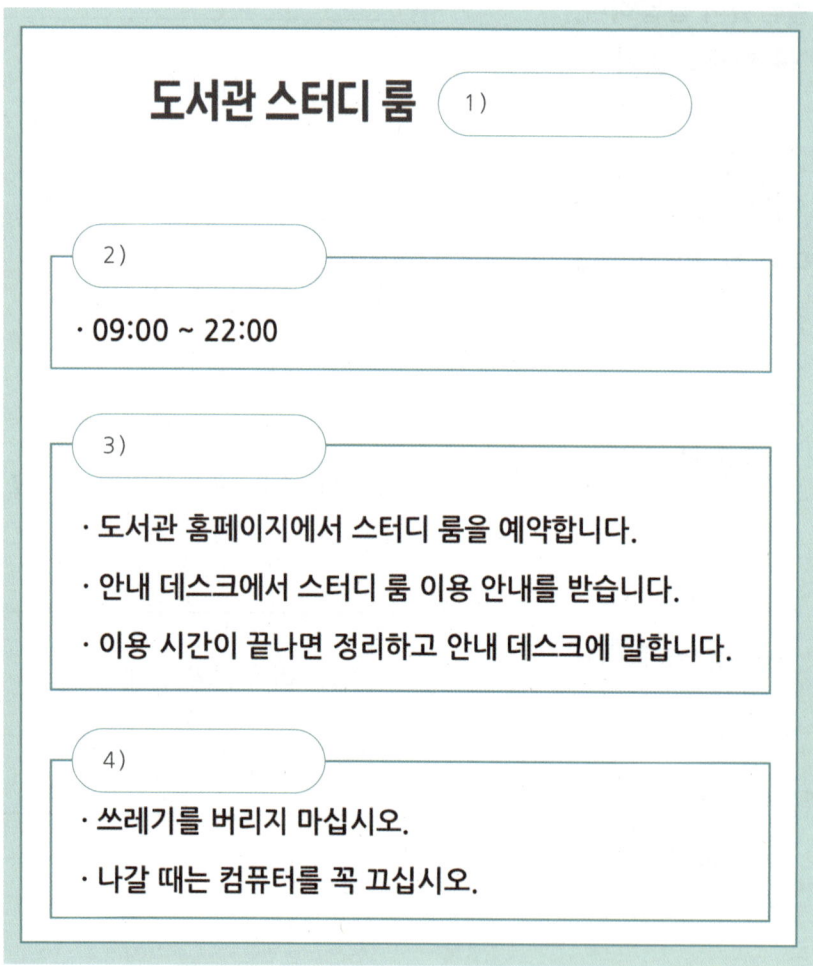

도서관 스터디 룸 1)

2)
· 09:00 ~ 22:00

3)
· 도서관 홈페이지에서 스터디 룸을 예약합니다.
· 안내 데스크에서 스터디 룸 이용 안내를 받습니다.
· 이용 시간이 끝나면 정리하고 안내 데스크에 말합니다.

4)
· 쓰레기를 버리지 마십시오.
· 나갈 때는 컴퓨터를 꼭 끄십시오.

문법 1

[동사] **-는다/ㄴ다** / [형용사] **-다** / [명사] **(이)다**

1 다음 표를 완성하십시오.

	현재 -는다/ㄴ다, -다	과거 -았/었/했다
닫다		
먹다		
가다		
확인하다		
* 살다		
* 만들다		
작다		
멀다		
기쁘다		
깨끗하다		

	(이)다	이었다/였다
선생님		
모임		
친구		
택배		

2 <보기>와 같이 문장을 완성하십시오.

> **보기**
> 학생 휴게실에서 인터넷 검색을 할 수 있습니다.
> → 학생 휴게실에서 인터넷 검색을 할 수 있다.

1) 학기가 시작하기 전에 기숙사 신청을 받습니다.
→ _____.

2) 기숙사 빨래방에 있는 세탁기에는 세제를 넣지 않습니다.
→ _____.

3) 우리 학교 안에 있는 카페는 가격이 쌉니다.
→ _____.

4) 저는 한국어로 신청서를 쓰는 것이 어렵지 않습니다.
→ _____.

5) 어제 e-class에서 수업 시간표를 확인했습니다.
→ _____.

6) 내일 저는 도서관에 있는 북 카페에서 모임을 할 겁니다.
→ _____.

3 <보기>와 같이 문장을 완성하십시오.

> **제가** 다니는 학교에는 다양한 편의 시설이 보기 있습니다. 그중에서 ㉠ 제가 자주 가는 곳은 ㉡ 도서관입니다. 도서관에는 학생이 이용할 수 있는 스터디 룸, 노트북 이용실, 복사실이 ㉢ 있습니다. 그런데 이번에 손님 스스로 커피를 만들어서 마실 수 있는 무인 카페가 ㉣ 생겼습니다. 그래서 이제는 커피를 마시고 싶을 때 언제나 커피를 ㉤ 마실 수 있습니다. 그런데 어제 시험 기간이라서 공부를 하러 도서관에 갔는데 도서관 입구가 카페처럼 ㉥ 시끄러웠습니다. 무인 카페에 친구들과 커피를 마시러 온 학생들이 ㉦ 많았습니다. 도서관에 있는 카페니까 다른 카페와 다른 이용 방법이 ㉧ 생겨야 할 것 같습니다.

> **내가** 다니는 학교에는 다양한 편의 시설이 보기 있다. 그중에서 ㉠ _____ 자주 가는 곳은 ㉡ _____. 도서관에는 학생이 이용할 수 있는 스터디 룸, 노트북 이용실, 복사실이 ㉢ _____. 그런데 이번에 손님 스스로 커피를 만들어서 마실 수 있는 무인 카페가 ㉣ _____. 그래서 이제는 커피를 마시고 싶을 때 언제나 커피를 ㉤ _____. 그런데 어제 시험 기간이라서 공부를 하러 도서관에 갔는데 도서관 입구가 카페처럼 ㉥ _____. 무인 카페에 친구들과 커피를 마시러 온 학생들이 ㉦ _____. 도서관에 있는 카페니까 다른 카페와 다른 이용 방법이 ㉧ _____.

문법 2

동사 -다가

1 다음 표를 완성하십시오.

앉다		
걷다		
만들다	-다가	
자다		
쓰다		
뛰다		

2 <보기>와 같이 대화를 완성하십시오.

보기

오전에는 비가 오다,
오후에는 그치다

가: 오늘 서울 날씨가 어땠어요?
나: 오전에는 비가 오다가 오후에는 그쳤어요.

1) 전화를 받다, 갑자기 나가다

가: 잔느 씨는 어디 갔어요?
나: _____.

2) 과제를 하다, 컴퓨터에 물을 쏟다

가: 무슨 일이에요?
나: _____.

3) 이어폰을 찾다, 결국 못 찾다

가: 잃어버린 이어폰은 찾았어요?
나: 아니요, _____.

4) 계단을 내려가다, 넘어지다

가: 다리가 왜 그래요?
나: 어제 _____.

5) 작년까지 일본에 살다, 올해 한국에 오다

가: 작년까지 외국에서 살았어요?
나: 네, _____.

6) 고등학생 때 사진을 보다, 네가 생각이 나다

가: 무슨 일로 전화했어?
나: _____.

3 <보기>와 같이 문장을 완성하십시오.

> **보기**
>
> 책을 찾다, 없다, 도서 검색대에서 검색하다
> → 책을 찾다가 없어서 도서 검색대에서 검색했어요.

1. 음악을 듣다, 시끄럽다, 소리를 줄이다
   → _____.

2. 무서운 영화를 보다, 놀라다, 소리를 지르다
   → _____.

3. 옷을 빨다, 주머니에서 돈이 나오다, 기쁘다
   → _____.

4. 커피를 마시다, 배가 고프다, 케이크를 주문하다
   → _____.

5. 식당에서 밥을 먹다, 음식이 부족하다, 음식을 더 시키다
   → _____.

6. 영화를 보다, 영화가 슬프다, 영화가 끝날 때까지 울다
   → _____.

▶ 10과 긴 글 쓰기 원고지

11과 우체국과 은행 — 어휘와 표현 1

우체국 관련 표현

▶ 알맞은 것을 연결하십시오.

1)  • • ㄱ) 무게를 재다

2)  • • ㄴ) 크기가 크다

3)  • • ㄷ) 크기가 작다

4)  • • ㄹ) 배송이 느리다

5)  • • ㅁ) 배송이 빠르다

6)  • • ㅂ) 무게가 무겁다

7) • • ㅅ) 무게가 가볍다

8)  • • ㅇ) 물건을 포장하다

문법 1

동사/형용사 -기 때문에

1 다음 표를 완성하십시오.

먹다	-기 때문에	
가다		
춥다		
싸다		

명사 때문에

동생	때문에	
무게		

2 <보기>와 같이 알맞은 것을 연결하고 문장을 쓰십시오.

보기 다음 주에 시험이 있다 •   • ㄱ) 병원에 가다

1) 집이 좁다 •   • ㄴ) 공부해야 하다

2) 배가 아프다 •   • ㄷ) 이사하고 싶다

3) 상자가 무겁다 •   • ㄹ) 혼자 들 수 없다

4) 매일 늦게 자다 •   • ㅁ) 수업 중에 자주 졸다

5) 운동을 좋아하다 •   • ㅂ) 운전을 조심해야 하다

6) 오늘 비가 많이 오다 •   • ㅅ) 매일 스포츠 센터에 가다

보기 다음 주에 시험이 있기 때문에 공부해야 해요_____.

1 _____.

2 _____.

3 _____.

4 _____.

5 _____.

6 _____.

3 <보기>와 같이 대화를 완성하십시오.

> **보기**
>
> 피곤하다
>
> 가: 오늘은 집에 일찍 가네요.
> 나: 네, 오늘은 <u>피곤하기 때문에</u> 집에 일찍 가려고 해요.

1) **일이 남아 있다**

   가: 퇴근 안 해요?
   나: 아직 _____ 끝나고 퇴근할 거예요.

2) **파란색을 좋아하다**

   가: 마이클 씨는 파란색 옷이 많네요.
   나: 제가 _____ 파란색 옷이 많아요.

3) **조금 전에 약을 먹다**

   가: 머리 아픈 건 괜찮아요?
   나: _____ 지금은 괜찮아요.

4) **휴대폰을 잃어버리다**

   가: 어제 왜 전화를 안 받았어요?
   나: _____ 전화를 받을 수 없었어요.

5) **태풍**

   가: 오늘은 축구 경기 안 봐요?
   나: _____ 축구 경기가 취소됐어요.

6) **교통사고**

   가: 길이 너무 막히네요.
   나: _____ 길이 막히는 것 같아요.

11과 우체국과 은행 — 어휘와 표현 2

은행 관련 표현

▶ 알맞은 것을 연결하십시오.

1)  • ㄱ) 은행 계좌

2)  • ㄴ) 체크 카드

3)  • ㄷ) 돈을 넣다

4) 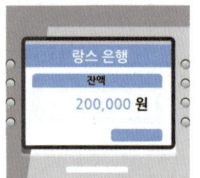 • ㄹ) 돈을 뽑다

5)  • ㅁ) 돈을 보내다

6)  • ㅂ) 잔액을 확인하다

7) 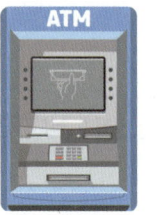 • ㅅ) 현금 인출기(ATM)

문법 1

동사 **-거나** / 명사 **(이)나**

1 다음 표를 완성하십시오.

읽다	-거나	
쉬다		

책	이나	
학생		
커피	나	
가위		

2 <보기>와 같이 대화를 완성하십시오.

보기

책을 읽다, 공부하다

가: 도서관에 가서 뭐 해요?
나: 책을 읽거나 공부해요.

① 버스를 타다, 걸어서 가다

가: 학교에 어떻게 가요?
나: _____.

② 집안일을 하다, 텔레비전을 보다

가: 주말에 집에서 뭐 해요?
나: _____.

③ 취직하다, 대학원에 들어가다

가: 졸업하고 뭐 할 거예요?
나: _____.

④ 해변 열차를 타다, 바다에서 서핑을 하다

가: 부산에 가서 뭐 하고 싶어요?
나: _____.

⑤ 풀, 테이프

가: 이 안내문을 뭘로 붙여요?
나: _____.

⑥ 아메리카노, 카페라테

가: 카페에서 보통 뭐 마셔요?
나: _____.

3 <보기>와 같이 대화를 완성하십시오.

보기

휴대폰을 끄다,
매너 모드로 하다

가: 시험 중에는 <u>휴대폰을 끄거나 매너 모드로 해</u> 주십시오.
나: 네, 알겠습니다.

---

1) 작품을 만지다, 발로 차다

가: _____-지 마세요.
나: 네, 알겠습니다.

2) 프라이팬에 굽다, 냄비에 삶다

가: 이 고기는 어떻게 먹으면 돼요?
나: _____ 드시면 됩니다.

3) 몸이 힘들다, 아프다

가: _____-지 않아요?
나: 네, 괜찮아요

4) 송금하다, 출금하다

가: 비밀번호는 언제 사용해요?
나: _____ 때 비밀번호가 필요합니다.

5) 캔, 유리

가: 이거 다 저기에 버리면 돼요?
나: 아니요, _____ 따로 버려야 합니다.

6) 버스, 지하철

가: 공항까지 어떻게 가요?
나: _____ 타고 갈 수 있습니다.

문법 2

동사 -(으)ㄹ 것 (명령)

1 다음 표를 완성하십시오.

씻다	-을 것	
*듣다		

오다	-ㄹ 것	
보다		

열다	-것	
만들다		

2 <보기>와 같이 문장을 완성하십시오.

> **보기**
>
> 방을 청소하다   밥을 먹기 전까지 <u>방을 청소할 것</u>.

1) **책을 읽다**   일주일에 한 권씩 _____.

2) **앉아서 기다리다**   이름을 부를 때까지 _____.

3) **아이의 손을 꼭 잡다** 사람이 많은 곳에서는 _____.

4) **날짜와 이름을 확인하다** 예약할 때 _____.

5) **들어오지 말다**   아무도 회의실에 _____.

6) **음식을 먹지 말다**   밤 10시 이후에는 _____.

3 <보기>와 같이 문장을 완성하십시오.

> **보기**
>
> "내일은 10시까지 학교에 오세요." → 내일은 10시까지 학교에 올 것.

1) "자기 전에 약을 드세요." → _____.

2) "도서관에서는 조용히 하세요." → _____.

3) "수업 중에는 한국어로 말하세요." → _____.

4) "모르는 것은 선생님께 물어보세요." → _____.

5) "길에 쓰레기를 버리지 마세요." → _____.

6) "밤에 피아노를 연주하지 마세요." → _____.

▶ 11과 긴 글 쓰기 원고지

12과 예약

어휘와 표현 1

예약 관련 표현

▶ 알맞은 것을 연결하십시오.

1)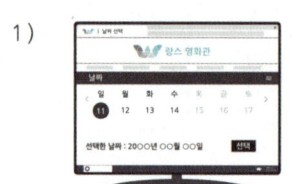

2)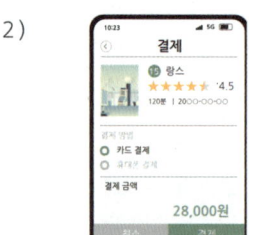

3)

4)

5)

6)

ㄱ) 요금을 내다

ㄴ) 자리를 고르다

ㄷ) 날짜를 선택하다

ㄹ) 인원을 선택하다

ㅁ) 예약 정보를 입력하다

ㅂ) 예약 내용을 확인하다

문법 1

동사 -(으)ㄹ까 하다

1 다음 표를 완성하십시오.

먹다	-을까 하다	
입다		

가다	-ㄹ까 하다	
보다		

살다	-까 하다	
만들다		

2 <보기>와 같이 대화를 완성하십시오.

보기

김밥을 먹다

가: 오늘 점심은 뭐 먹을 거예요?
나: 김밥을 먹을까 해요.

1) 가방을 사다

가: 백화점에서 뭘 살 거예요?
나: _____.

2) 소설책을 읽다

가: 집에서 뭐 할 거예요?
나: _____.

3) 파티 룸을 빌리다

가: 파티는 어디에서 할 거예요?
나: _____.

4) 시계를 선물하다

가: 유이 씨에게 뭘 선물할 거예요?
나: _____.

5) 바다를 보러 가다

가: 주말에 어디에 갈 거예요?
나: _____.

6) 밥 먹기 전까지 공부하다

가: 언제까지 공부할 거예요?
나: _____.

3 <보기>와 같이 대화를 완성하십시오.

보기

점심을 먹다

가: <u>점심을 먹을까 하는데</u> 김밥은 어때요?
나: 좋아요. 김밥 먹어요.

1 **외식을 하다**

가: 가족들과 _____ 어디가 좋을까요?
나: "랑스 레스토랑"이라고 하는 식당이 맛있어요.

2 **이사를 가다**

가: 이 아파트로 _____ 괜찮지요?
나: 네, 역과도 가깝고 좋은 것 같아요.

3 **카레를 만들다**

가: 저녁으로 _____ 어때요?
나: 저는 좋아요. 기대할게요.

4 **머리 색깔을 바꾸다**

가: 이번에 _____ 무슨 색이 어울릴까요?
나: 빨간색은 어때요?

5 **당구를 치러 가다**

가: 주말에 _____ 갈래?
나: 좋아, 주말에 보자.

6 **글쓰기 수업을 듣다**

가: 나는 이번 학기에 _____ 같이 들을래?
나: 아니, 나는 K-팝 댄스 수업을 들으려고.

12과 예약 어휘와 표현 2

예약 취소·변경

▶ 알맞은 것을 연결하십시오.

1) 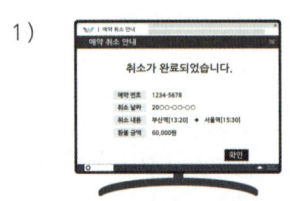 ㄱ) 금액을 환불받다

2)  ㄴ) 예약을 취소하다

3) 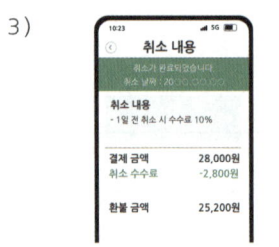 ㄷ) 취소 수수료를 내다

4)  ㄹ) 예약 시간을 변경하다

5) 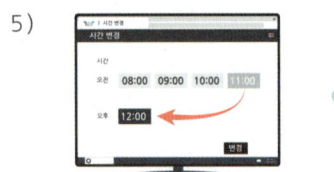 ㅁ) 예약 인원을 변경하다

6)  ㅂ) 예약 날짜를 변경하다

문법 1

동사/형용사 -(으)ㄹ까 봐

1 다음 표를 완성하십시오.

먹다	-을까 봐	
읽다		
작다		
* 무겁다		

가다	-ㄹ까 봐	
자다		
아프다		
피곤하다		

울다	-까 봐	
힘들다		

12. 예약

2 <보기>와 같이 대화를 완성하십시오.

보기

시험을 못 치다

가: <u>시험을 못 칠까 봐</u> 걱정이에요.
나: 열심히 했으니까 잘 칠 거예요.

① 옷이 안 맞다

가: _____ 걱정이에요.
나: 한 번 입어 보세요.

② 제 요리가 맛없다

가: _____ 걱정이에요.
나: 괜찮아요. 요리해 보세요.

③ 사고가 나다

가: 자동차 속도 좀 줄여요. _____ 무서워요.
나: 알았어요. 천천히 갈게요.

④ 아래로 떨어지다

가: 바닥이 유리네요. _____ 무서워요.
나: 안 떨어지니까 걱정 마세요.

⑤ 창문이 깨지다

가: 태풍 때문에 _____ 불안해요.
나: 창문에 테이프를 붙이면 괜찮을 거예요.

⑥ 자전거를 타면 넘어지다

가: _____ 불안해요.
나: 여러 번 타 보면 괜찮을 거예요.

3 <보기>와 같이 대화를 완성하십시오.

보기

글씨가 안 보이다,
앞에 앉다

가: 왜 앞자리에 앉았어요?
나: 글씨가 안 보일까 봐 앞에 앉았어요.

1 지각하다,
   택시를 타다

   가: 오늘은 왜 택시를 탔어요?
   나: _____.

2 비가 오다,
   가지고 오다

   가: 우산은 왜 가지고 왔어요?
   나: _____.

3 회의 시간에 늦다,
   서두르다

   가: 왜 이렇게 서두르고 있어요?
   나: _____.

4 발표에서 실수하다,
   연습하고 있다

   가: 뭘 그렇게 열심히 하고 있어요?
   나: _____.

5 사람이 많다,
   안 가다

   가: 지난 주말에 불꽃 축제에 갔어요?
   나: 아니요, _____.

6 너무 맵다,
   안 먹다

   가: 새로 나온 라면 먹어 봤어요?
   나: 아니요, _____.

문법 2

동사 -는 동안(에)

1 다음 표를 완성하십시오.

먹다	-는 동안(에)	
입다		
가다		
보다		
만들다		

2 <보기>와 같이 대화를 완성하십시오.

보기

샤워하다,
음식이 도착하다

가: 배달 음식이 왔어요?
나: 네, 샤워하는 동안에 음식이 도착했어요.

① 밥을 먹다,
드라마를 보다

가: 드라마는 언제 봐요?
나: _____.

② 버스가 가다,
창밖을 구경하다

가: 버스를 타면 보통 뭐 해요?
나: _____.

③ 수업을 듣다,
메시지를 보내다

가: 언제 저에게 메시지를 보냈어요?
나: _____.

④ 회의를 하다,
메모를 하다

가: 회의 내용 기억해요?
나: 네, _____.

⑤ 대학교를 다니다,
운전면허증을 따다

가: 운전면허증이 있어요?
나: 네, _____.

⑥ 여행을 하다,
사진을 많이 찍다

가: 사진이 많네요.
나: _____.

3 <보기>와 같이 대화를 완성하십시오.

> **보기**
>
> 기차를 타다
>
> 가: 잠은 좀 잤어요?
> 나: <u>기차를 타는 동안</u> 좀 잤어요.

1 옷을 갈아입다

가: 뭘 찾고 있어요?

나: 귀걸이요. _____ 떨어진 것 같아요.

2 음식이 오다

가: 배달 시켰어요?

나: 네, _____ 방을 정리할까요?

3 냄비에 물이 끓다

가: 라면은 어떻게 만들어요?

나: _____ 면과 스프를 넣으면 돼요.

4 유이 씨를 기다리다

가: 미안해요. 오래 기다렸지요?

나: 괜찮아요. _____ 드라마 한 편 봤어요.

5 이틀

가: 고향에 얼마나 있었어요?

나: _____ 있었어요.

6 1년

가: 엘레나 씨, 한국어가 많이 늘었네요.

나: 네, 최근 _____ 열심히 공부했어요.

▶ 12과 긴 글 쓰기 원고지

13과 집

어휘와 표현 1

집의 구조

▶ <보기>와 같이 빈칸에 쓰십시오.

보기

| 거실 | 부엌 | 현관 | 큰방 |
| 작은방 | 베란다 | 욕실/화장실 |

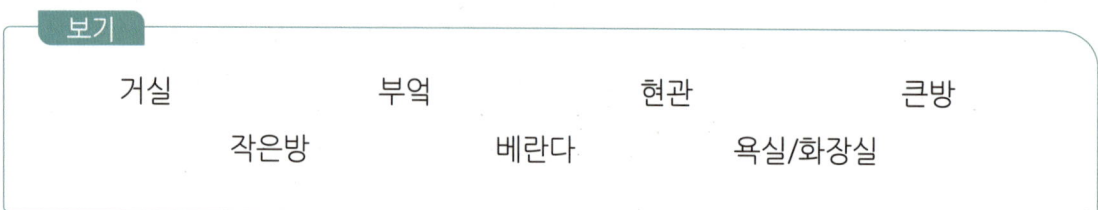

1)
2)
3)
4)
보기: 큰방
5)
6)

문법 1

동사 -기

1 다음 표를 완성하십시오.

찾다		
읽다		
듣다	-기	
쉬다		
나가다		
이사하다		

2 <보기>와 같이 대화를 완성하십시오.

보기

일찍 일어나다, 힘들다

가: 지금 살고 있는 집은 어때요?
나: 방이 어두워서 <u>일찍 일어나기 힘들어요</u>.

① 혼자 살다, 적당하다

가: 지금 사는 곳은 마음에 들어요?
나: 네, 원룸이라서 _____.

② 강아지를 키우다, 좋다

가: 지금 살고 있는 집은 어때요?
나: 마당이 넓어서 _____.

③ 물건을 옮기다, 쉽다

가: 이번에 이사한 집은 어때요?
나: 엘리베이터가 있어서 _____.

④ 친구를 부르다, 어렵다

가: 왜 혼자 살고 싶어요?
나: 부모님과 같이 살아서 _____.

⑤ 앉아 있다, 불편하다

가: 마이클 씨 집에 가 봤어요?
나: 네, 소파가 없어서 _____.

⑥ _____, _____

가: 지금 살고 있는 집은 어때요?
나: _____.

3 <보기>와 같이 대화를 완성하십시오.

> 보기
> 가: 현관이 넓으면 ____신발을 정리하기____ 가 좋아요.
> (신발을 정리하다)
> 나: 맞아요. 그래서 저는 이사할 때 현관이 넓은 집을 골라요.

1) 가: 한국어 공부는 어때요?

   나: _____가 어려워요.
   (단어를 외우다)

2) 가: 제가 만든 쿠키 맛이 어때요?

   나: 맛있어요. 그리고 크기가 작아서 _____가 좋네요.
   (한 번에 먹다)

3) 가: 요즘은 배달 앱이 있어서 _____가 편한 것 같아요.
   (음식을 주문하다)

   나: 맞아요. 그래서 저도 배달 앱을 자주 사용해요.

4) 가: 집에 만화책이 많네요.

   나: 제 취미가 _____(이)라서 한 달에 10권 정도 사요.
   (만화책 모으다)

5) 가: 오래 걸어야 할 것 같은데 구두를 신고 있어서 어떡해요?

   나: 걱정하지 마세요. _____을/를 좋아해서 운동화를
   (걷다)
   항상 가지고 다녀요.

6) 가: 약속 시간에 늦었는데 버스가 안 와.

   나: 그럼, _____ 보다 택시를 타는 게 좋겠어.
   (버스를 기다리다)

13과 집 — 어휘와 표현 2

집의 특징

▶ <보기>에서 알맞은 것을 골라 문장을 완성하십시오.

> **보기**
>
> 거리가 멀다   위치가 좋다
>
> 새 건물이다   주변이 시끄럽다
>
> 교통이 불편하다   햇빛이 잘 들어오다

1) _____ -(으)면 집세가 다른 집보다 비싸다.

2) 내가 다니는 회사는 _____ -기 때문에 일찍 출발해야 한다.

3) 내 방은 _____ -아/어/해서 겨울에 아주 따뜻한 편이다.

4) 지금 사는 곳은 버스 정류장과 지하철역이 멀어서 _____.

5) 맛집이 근처에 있으니까 _____ -아/어/해서 살기가 불편하다.

6) 우리 학교 기숙사는 올해 지은 _____ (이)라서 깨끗하다.

문법 1

동사/형용사 -았/었/했으면 좋겠다

1. 다음 표를 완성하십시오.

살다	-았으면 좋겠다	
밝다		

웃다	-었으면 좋겠다	
예쁘다		

준비하다	했으면 좋겠다	
따뜻하다		

명사 이었으면/였으면 좋겠다

원룸	이었으면 좋겠다	
아파트	였으면 좋겠다	

2 <보기>와 같이 문장을 완성하십시오.

> **보기**
>
> 집이 추워요. → 집이 따뜻했으면 좋겠어요.

	지금 살고 있는 집	살고 싶은 집
1	집세가 비싸요. →	_____.
2	부엌이 좁아요. →	_____.
3	교통이 불편해요. →	_____.
4	베란다가 없어요. →	_____.
5	가구가 오래됐어요. →	_____.
6	지하철역과 거리가 멀어요. →	_____.

3 <보기>와 같이 대화를 완성하십시오.

보기

조용하다, 친절하다

가: 룸메이트가 어떤 사람이었으면 좋겠어요?
나: 조용하고 친절했으면 좋겠어요.

① 연극을 보다, 꽃을 받다

가: 생일에 뭘 했으면 좋겠어요?
나: _____.

② 다리가 길다, 청바지가 어울리다

가: 어떤 사람과 데이트하고 싶어요?
나: _____.

③ 정원이 있다, 마당이 넓다

가: 어떤 곳에서 살고 싶어요?
나: _____.

④ 활발하다, 마음이 따뜻하다

가: 룸메이트가 어떤 성격이었으면 좋겠어요?
나: _____.

⑤ 양이 많다, 맵다

가: 배달 음식은 어떤 걸로 시킬까요?
나: _____.

⑥ _____, _____

가: 룸메이트가 어떤 성격이었으면 좋겠어요?
나: _____.

문법 2

동사/형용사 -(으)ㄹ 수밖에 없다

1 다음 표를 완성하십시오.

먹다	-을 수밖에 없다	
가다		
좁다		
조용하다		

살다	-ㄹ 수밖에 없다	
길다		

명사 일 수밖에 없다

유행	일 수밖에 없다	
친구		

2 <보기>와 같이 대화를 완성하십시오.

보기

잠을 못 자다

가: 벌써 12시인데 잠이 안 와요.
나: 커피를 많이 마시니까 <u>잠을 못 잘 수밖에 없어요</u>.

① **한국어 실력이 늘다**

가: 마이클 씨는 한국어를 정말 잘하네요.
나: 매일 한국 친구들과 한국어로 말하니까 _____.

② **사람이 많다**

가: 오늘 놀이공원에 사람이 많을까요?
나: 주말이라서 _____.

③ **성적이 나쁘다**

가: 시험 성적이 안 좋아서 걱정이에요.
나: 공부는 안 하고 놀기만 하니까 _____.

④ **어제보다 춥다**

가: 날씨가 추운 것 같아요.
나: 오늘은 눈이 와서 _____.

⑤ **가격이 비싸다**

가: 저 가수가 입은 티셔츠 가격이 50만 원이에요.
나: 유명한 디자이너가 만든 옷이라서 _____.

⑥ **살이 찌다**

가: 운동을 하는데 왜 계속 살이 찌지?
나: 과자를 먹으니까 _____.

3 <보기>에서 알맞은 것을 골라 대화를 완성하십시오.

보기

룸메이트를 찾다   약속을 취소하다

다른 것을 주문하다   직접 요리해서 먹다

고치는 사람을 기다리다 계단으로 물건을 옮기다

1 가: 날씨가 추운데 왜 집에 안 들어가고 있어요?

   나: 현관문이 고장이 나서 _____.

2 가: 인터넷에 룸메이트를 구하는 글을 올렸어요?

   나: 네, 집세가 너무 비싸서 _____.

3 가: 이 건물에는 엘리베이터가 없어요?

   나: 네, 그래서 _____.

4 가: 여기는 시골이라서 배달 음식을 시키기가 어렵지요?

   나: 네, 식당에서 배달 주문을 안 받으니까 _____.

5 가: 이번에도 못 만나는 거야?

   나: 응, 미안해. 급한 일이 생겨서 _____.

6 가: 나는 냉면을 먹고 싶었는데 왜 갈비탕을 시켰어?

   나: 지금 겨울이야. 냉면은 여름 메뉴니까 _____.

▶ 13과 긴 글 쓰기 원고지

14과 한국 생활 어휘와 표현 1

한국 생활 관련 표현1

▶ <보기>에서 알맞은 것을 골라 대화를 완성하십시오.

> **보기**
>
> 생활에 만족하다   높임말을 사용하다
>
> 음식이 입에 맞다   한국 날씨에 적응하다
>
> 한국 생활에 익숙해지다   한국 사람들과 어울리다

1) 가: 한국어를 잘하고 싶은데 좋은 방법이 있어요?

   나: _____ -거나 드라마를 보면서 공부해 보세요.

2) 가: 한국의 겨울은 너무 추워요.

   나: 맞아요. 한국에서 2년 동안 살았지만 아직 _____ 이/가 어려워요.

3) 가: 제가 만든 _____?

   나: 네, 정말 맛있어요. 요리를 잘하시네요.

4) 가: 한국에서는 할아버지나 할머니께 _____ -아/어/해야 하다.

   나: 알겠어요.

5) 가: 한국 생활은 어때요?

   나: 처음에는 문화가 달라서 힘들었는데 지금은 _____.

6) 가: 나는 지금보다 돈도 많이 벌고 좋은 집에 살았으면 좋겠어.

   나: 그래? 나는 지금 _____.

64

문법 1

동사 -(으)ㄴ 지

1 다음 표를 완성하십시오.

먹다	-은 지	
찾다		
* 듣다		

가다	-ㄴ 지	
보다		
배우다		

열다	-ㄴ 지	
만들다		

2 <보기>와 같이 문장을 완성하십시오.

보기

6개월
한국에서 살다

한국에서 산 지 6개월이 됐어요.

① 15분
감기약을 먹다

_____.

② 30분
공원을 걷다

_____.

③ 1시간
친구와 수다를 떨다

_____.

④ 한 달
운전면허를 따다

_____.

⑤ 2년
남자/여자 친구를 사귀다

_____.

⑥ _____
한국어를 배우다

_____.

3 <보기>와 같이 대화를 완성하십시오.

> **보기**
>
> 학교를 졸업하다, 1년, 넘다
>
> 가: 악셀 씨는 대학생이에요?
> 나: 아니요, 학교를 졸업한 지 1년이 넘었어요.

1) 문을 닫다, 6개월, 넘다

   가: 저 가게는 왜 항상 문이 닫혀 있어요?
   나: 몰랐어요? 가게가 _____.

2) SNS를 안 하다, 1주일, 넘다

   가: 요즘 SNS에 사진이 안 올라오네요.
   나: 시험이 얼마 안 남았어요. 그래서 _____.

3) 이 휴대폰을 쓰다, 4년, 되다

   가: _____.
   나: 오래됐네요. 이제 바꾸는 게 좋겠어요.

4) 드럼을 배우다, 반년, 되다

   가: 아직도 드럼을 배워요?
   나: 그럼요. _____.

5) 벌써 공연이 시작하다, 10분, 지나다

   가: 늦어서 미안해요. 공연은 시작했어요?
   나: 네, _____.

6) 돌아가시다, 2년, 지나다

   가: 타오 씨, 할머니께서는 잘 계시지요?
   나: 할머니요? _____.

문법 1

동사 -게 되다

1 다음 표를 완성하십시오.

남다	-게 되다	
알다		
찍다		
보다		
만나다		
좋아하다		

2 <보기>와 같이 대화를 완성하십시오.

보기

한국어를 배우다
- 가: 왜 한국어를 배워요?
- 나: 좋아하는 K-팝 가수가 있어서 <u>한국어를 배우게 됐어요</u>.

① **악셀 씨를 알다**
- 가: 악셀 씨는 고향 친구예요?
- 나: 아니요, 한국에 와서 _____.

② **옷을 갈아입다**
- 가: 아까는 파란 티셔츠를 입었지요?
- 나: 맞아요. 그런데 옷이 젖어서 _____.

③ **유학을 오다**
- 가: 왜 유학을 왔어요?
- 나: 외국에서 살아 보고 싶어서 _____.

④ **친구를 사귀다**
- 가: 시영 씨는 친구가 정말 많네요.
- 나: 저도 친구가 별로 없었는데 모임에 나가면서 _____.

⑤ **이사를 가다**
- 가: 왜 원룸으로 이사를 가요?
- 나: 지금 사는 곳이 시끄러워서 _____.

⑥ **콘서트에 못 가다**
- 가: 내일 K-팝 콘서트를 보러 가지요?
- 나: 아니요, 갑자기 일이 생겨서 _____.

3 <보기>와 같이 대화를 완성하십시오.

보기

아는 사람이 생기다,
한국 생활에 만족하다

가: 왜 한국 생활에 만족하게 됐어요?
나: 아는 사람이 생기면서 한국 생활에 만족하게 됐어요.

1) 한국 친구와 연습하다,
한국어가 늘다

가: 한국어가 많이 늘었네요.
나: _____.

2) SNS를 보다,
소식을 알다

가: 오마르 씨의 소식을 어떻게 알았어요?
나: _____.

3) 노래하는 모습을 보다,
꿈을 꾸다

가: K-팝 가수가 꿈이에요?
나: 네, 가수들이 _____.

4) 낚시하러 다니다,
낚시를 좋아하다

가: 마이클 씨는 낚시하기가 취미예요?
나: 네, 아버지와 _____.

5) 유학 생활을 하다,
브이로그를 찍다

가: 언제 브이로그를 시작했어요?
나: _____.

6) 한국 드라마를 보다,
한국 문화에 관심을 가지다

가: 왜 한국에 왔어요?
나: _____.

14과 한국 생활 어휘와 표현 2

한국 생활 관련 표현2

▶ <보기>에서 알맞은 것을 골라 문장을 완성하십시오.

보기

기억에 남다	생각이 나다
마음을 전하다	추억을 만들다
추억 여행을 가다	고마운 사람들을 만나다

다음 달이면 고향으로 돌아간다. 그래서 고향에 가기 전에 친구들과 ㉠ _____ -고 싶어서 부산으로 ㉡ _____ -기로 하다. 부산은 내가 한국에 와서 처음 친구들과 여행을 간 곳이다. 그래서 여행 장소를 정할 때 부산이 ㉢ _____. 지난 여행 때 입은 옷을 입고 같은 장소에서 사진을 찍기로 했다. 나중에 고향으로 돌아가서 여행 사진을 보면 한국 생활이 많이 ㉣ _____ -(으)ㄹ 것 같다. 그리고 여행이 끝난 후에는 그동안 내가 힘들 때마다 도움을 준 ㉤ _____ -아/어/해서 감사한 ㉥ _____ -(으)ㄹ 것이다.

문법 2

동사/형용사 -기는요

1 다음 표를 완성하십시오.

닮다		
만나다	-기는요	
멋있다		
비슷하다		

명사 (이)기는요

유행	이기는요	
친구	기는요	

2 <보기>와 같이 대화를 완성하십시오.

> **보기**
>
> 가: 저 대신 책을 반납해 줘서 고마워요.
>
> 나: <u>고맙기는요</u>. 바쁘면 이야기하세요.

1) 가: 약속 시간에 늦어서 미안해요.

   나: _____. 많이 안 기다렸어요.

2) 가: 한국어를 한국 사람처럼 잘하는 것 같아요.

   나: _____. 친구들이 도와준 덕분이에요.

3) 가: K-팝 댄스를 잘 추네요.

   나: _____. 혼자 인터넷 영상을 보고 배워서 실수가 많아요.

4) 가: 이거 제가 만들었는데 좀 짠 것 같아요. 어때요?

   나: _____. 제 입에 맞으니까 걱정하지 마세요.

5) 가: 요즘도 아침마다 달리기 모임에 나가요? 정말 부지런하네요.

   나: _____. 건강에 좋아서 하는 거예요.

6) 가: 한옥 체험은 어땠어요? 좀 불편했죠?

   나: _____. 한국 문화를 체험할 수 있어서 정말 좋았어요.

3 <보기>와 같이 대화를 완성하십시오.

보기

가: 어제 콘서트는 잘 보고 왔어요?
나: <u>잘 보기는요</u>. 무대가 멀어서 노랫소리가 잘 안 들렸어요.

1) 가: 룸메이트랑 성격이 잘 맞아요?

   나: _____. 서로 대화도 안 해요.

2) 가: 요즘 가게가 많이 바빠요?

   나: _____. 손님이 없어서 걱정이네요.

3) 가: 어제 남자/여자 친구랑 데이트 잘했어요?

   나: _____. 남자/여자 친구가 화가 나서 집에 갔어요.

4) 가: 너는 동생이랑 얼굴이 많이 닮은 것 같아.

   나: _____. 내가 더 낫지.

5) 가: 이번에 시작한 드라마 재미있지?

   나: _____. 너무 재미없어서 안 보려고.

6) 가: 너 아까 영화 보고 울었지?

   나: _____. 하품한 거야.

▶ 14과 긴 글 쓰기 원고지

15과 축제 어휘와 표현 1

축제 관련 표현1

▶ 알맞은 것을 연결하십시오.

1)　　　　　　　　　　　　　　ㄱ) 전시회

2)　　　　　　　　　　　　　　ㄴ) 공연을 보다

3)　　　　　　　　　　　　　　ㄷ) 축제에 가다

4)　　　　　　　　　　　　　　ㄹ) 축제 프로그램

5)　　　　　　　　　　　　　　ㅁ) 참가 신청을 하다

문법 1

동사 -는 게 어때요?

1 다음 표를 완성하십시오.

앉다	-는 게 어때요?	
먹다		
입다		
가다		
보다		
참가하다		
* 살다		
* 열다		
* 만들다		

2. <보기>와 같이 대화를 완성하십시오.

보기

수아 씨는 노래를 잘하다,
한번 나가 보다

가: 축제 프로그램에 장기자랑도 있네요.
나: 그래요? 수아 씨는 노래를 잘하니까 한번 나가 보는 게 어때요?

1) 아직 점심 시간이 아니다, 간단한 음식을 먹다

가: 배가 고픈데 뭘 먹을까요?
나: _아직 점심 시간이 아니니까 간단한 음식을 먹는 게 어때요_?

2) 지금 한가하다, 우리가 좀 도와주다

가: 축제 준비 때문에 잔느 씨가 많이 바빠요.
나: _지금 한가하니까 우리가 좀 도와주는 게 어때요_?

3) 마이클이 경험이 많다, 마이클에게 부탁하다

가: 축제 때 한국어를 통역할 수 있는 사람이 필요해요.
나: _마이클이 경험이 많으니까 마이클에게 부탁하는 게 어때요_?

4) 오전에는 댄스 공연을 보다, 태권도 공연을 보다

가: 오후에는 뭘 볼까요?
나: _오전에는 댄스 공연을 봤으니까 태권도 공연을 보는 게 어때요_?

5) 포스터가 부족하다, 포스터를 더 만들다

가: 축제를 홍보하려면 포스터가 많이 필요해요.
나: _포스터가 부족하니까 포스터를 더 만드는 게 어때요_?

6) K-팝 동아리이다, K-팝 댄스 공연을 하다

가: 우리 동아리는 이번 축제에 뭘 해요?
나: _K-팝 동아리이니까 K-팝 댄스 공연을 하는 게 어때요_?

3 <보기>에서 알맞은 것을 골라 대화를 완성하십시오.

보기

| 앞쪽에 앉다 | 내일 다시 들르다 | 참가 신청을 하다 |
| 지하철을 타고 가다 | 친구들에게 연락해 보다 | 친구들이 오면 함께 들다 |

1) 가: 퇴근 시간이라서 차가 너무 막힐 것 같아요.

   나: 그럼, 공연장까지 _____?

2) 가: 공연이 곧 시작하는데 관객이 많이 없어요.

   나: 우선 근처에 사는 _____?

3) 가: 시영 씨, 우리 여기에 앉을까요?

   나: 여기는 무대가 멀어서 공연이 잘 안 보이니까 _____?

4) 가: 공연장에 의자가 부족해요. 여기에 있는 의자들을 좀 가지고 갈까요?

   나: 네, 무거우니까 _____?

5) 가: 전시회장에 가방을 두고 왔어요.

   나: 지금은 너무 늦었으니까 _____?

6) 가: 이번 축제 때 K-팝 노래 대회도 해요.

   나: 그래요? 재미있을 것 같은데 우리도 _____?

문법 2

명사 에다가

1 다음 표를 완성하십시오.

밥		간식	
인형		편지	
비	에다가	바람	
불고기		냉면	
노래 대회		댄스 대회	
동아리 전시회		축하 공연	

2 <보기>와 같이 문장을 완성하십시오.

보기

상금, 상품   노래 대회에서 1등을 하면 <u>상금에다가 상품</u>까지 줘요.

① 전시회, 연극
동아리 발표회에서는 _____까지 해요.

② 포스터, 공연 의상
공연 전까지 _____까지 준비해야 해서 바빠요.

③ 세계 음식 만들기, 전통 의상 체험
내년에는 _____까지 준비하려고 해요.

④ 한국어 말하기 대회, 한국어 퀴즈 대회
한글날 행사에서는 _____까지 참가할 수 있어요.

⑤ 댄스 대회, 축하 공연
이번 축제에서 _____까지 볼 수 있었어요.

⑥ 인형 뽑기, 물풍선 던지기
지난 행사에는 _____까지 할 수 있었어요.

3 <보기>와 같이 대화를 완성하십시오.

> **보기**
> 가: 요즘 어떻게 지내요?
> 나: <u>기말시험에다가 발표</u>까지 있어서 조금 바빠요.
>   (기말시험, 발표)

① 가: 오늘 날씨가 정말 춥네요.

　나: 네, _____까지 썼는데도 추워요.
　　　　　　　　　(두꺼운 외투, 모자)

② 가: 에밀리 씨는 _____까지 잘 치네요.
　　　　　　　　　　　　　　　(피아노, 기타)

　나: 맞아요. 그래서 친구들에게 인기가 많아요.

③ 가: 이번 공연에 _____까지 와서
　　　　　　　　　(인기 아이돌 그룹, 유명한 댄스 팀)
　　사람이 많겠어요.

　나: 네, 그래서 표를 구하는 것이 정말 어려웠어요.

④ 가: 점심 맛있게 드셨어요?

　나: 네, _____까지 먹어서 배불러요.
　　　　　　　　　(삼겹살, 볶음밥)

⑤ 가: 타오 씨, 내일 같이 전시회를 보러 갈까요?

　나: 미안해요. 내일은 _____까지 있어서 시간이 없어요.
　　　　　　　　　　　　(회의, 출장)

⑥ 가: 마르완 씨, 가방을 잃어버렸어요?

　나: 네, _____까지 들어 있었는데 택시에 놓고 내렸어요.
　　　　　(지갑, 휴대폰)

15과 축제 어휘와 표현 2

축제 관련 표현2

▶ <보기>에서 알맞은 것을 골라 문장을 완성하십시오.

보기

세계 음식을 맛보다   세계 전통 노래와 춤을 배우다

세계 전통 의상을 입어 보다   여러 나라의 물건을 사고 팔다

5월 20일부터 21일까지 부산역 근처 국제 거리에서는 '세계 문화 축제'가 열린다. 이번 축제에는 다양한 프로그램이 준비되어 있다. 첫째 날 '세계 음식 맛보기'에서는 ㉠ _____ -(으)ㄹ 수 있다. 다음으로 '세계 전통 옷 알기'에서는 ㉡ _____ -고 사진도 찍을 수 있다. 둘째 날에는 벼룩시장이 열려 ㉢ _____ -(으)ㄹ 수 있다. 또 '세계 문화 알기'에서는 ㉣ _____ -(으)ㄹ 수 있는 시간도 준비되어 있다.

문법 1

[동사]-는군요 / [형용사]-군요 / [명사](이)군요

1 다음 표를 완성하십시오.

[동사]-는군요

먹다		
자다	-는군요	
*열다		

[형용사]-군요

작다		
크다	-군요	
길다		

[명사](이)군요

서울 사람	이군요	
고향 친구	군요	

2 <보기>와 같이 대화를 완성하십시오.

보기

인기가 많다

가: K-팝 댄스 대회가 정말 <u>인기가 많군요</u>.
나: 맞아요. 구경 온 사람이 정말 많네요.

---

1) **고향 음식도 있다**

가: 마르완 씨, 여기 좀 보세요. 다음 주에 세계 음식 축제를 해요.
나: 그렇네요. 와, _____.

2) **행사가 일찍 시작하다**

가: 아침 8시부터 행사가 시작해요.
나: 그래요? _____.

3) **무대가 멋지다**

가: 내일 제가 여기에서 댄스 공연을 해요.
나: 그래요? _____. 내일 꼭 보러 갈게요.

4) **밖이 시끄럽다**

가: 근처 공원에서 K-팝 공연을 하고 있어요.
나: 아, 그래서 이렇게 _____.

5) **고향 사람**

가: 안녕하세요. 시드니에서 온 에밀리라고 해요.
나: 와, _____. 정말 반가워요.

6) **켄타 씨 여동생**

가: 환 씨, 인사하세요. 제 여동생이에요.
나: 아, _____.

3 <보기>와 같이 대화를 완성하십시오.

보기

인기가 많다

가: 타오 씨, 어제 축제에서 댄스 공연 봤어요? 사람이 정말 많았어요.
나: 그래요? 댄스 공연이 <u>인기가 많았군요</u>. 저는 전시회만 갔어요.

1 어머니를 닮다

가: 이 분이 제 어머니세요.
나: 유이 씨는 _____.

2 4년이 지나다

가: 이제 대학교 졸업이라서 다음 달에 고향으로 돌아가요.
나: 그래요? 벌써 _____.

3 키가 작다

가: 이것 좀 보세요. 제가 5살 때 사진이에요.
나: 정말 귀여워요. 그런데 이때는 _____.

4 불꽃이 정말 화려하다

가: 어제 세계 불꽃 축제에서 찍은 사진이에요. 어때요?
나: _____.

5 첸 씨 모자이다

가: 어제 교실에서 제 모자 못 봤어요? 초록색 야구 모자예요.
나: 아, _____. 책상 밑에 떨어져 있었어요.

6 우리 학교 졸업생이다

가: 저는 랑스대학교에서 공부했어요.
나: 아, 그래요? _____. 만나서 반가워요.

문법 2

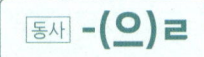 -(으)ㄹ

1 다음 표를 완성하십시오.

| 앉다 | -을 | |
| 읽다 | | |

| 배우다 | -ㄹ | |
| 참가하다 | | |

| 살다 | -ㄹ | |
| 만들다 | | |

2 <보기>에서 알맞은 것을 골라 문장을 완성하십시오.

보기

보다   모이다   만들다   방문하다   가지고 가다

여러분, 안녕하세요. 랑스 관광을 이용해 주셔서 감사합니다. 저는 가이드 환이라고 합니다. 오늘 일정을 말씀드리겠습니다. 우리가 ㉠ _____ 곳은 이천도자기축제입니다. 그곳에서 첫 번째로 ㉡ _____ 것은 도자기 전시회입니다. 그곳에서는 유명 작가의 도자기를 볼 수 있습니다. 전시회를 본 후에는 도자기 체험이 있습니다. 거기에서 ㉢ _____ 것은 컵입니다. 집으로 컵을 ㉣ _____ 사람은 저에게 따로 신청하십시오. 체험이 다 끝난 후에는 식당으로 이동하겠습니다. 점심은 비빔밥입니다. 식사를 다 하고 다시 ㉤ _____ 장소는 전시회장 옆 주차장입니다.

3 <보기>와 같이 대화를 완성하십시오.

보기

아르바이트를 하다, 계획

가: 마이클 씨, 이번 방학에 뭐 할 거예요?
나: 저는 방학 동안 <u>아르바이트를 할 계획</u>이에요.

① **졸업식에서 입다, 옷**

가: 이거 _____인데 어때요?
나: 멋지네요. 너무 잘 어울려요.

② **발표하다, 사람**

가: 다음에 _____을 정했어요?
나: 제가 하기로 했어요.

③ **이사 가다, 집**

가: 마르완 씨, 이사 준비는 다 했어요? 어디로 가요?
나: 아니요, 아직 _____을 알아보고 있어요.

④ **대학원에 가다, 생각**

가: 시영 씨, 졸업하고 바로 취직할 거예요?
나: 아니요, 저는 일단 _____.

⑤ **버스가 출발하다, 시간**

가: 마르완 씨, _____.
나: 알겠어요. 빨리 갈게요.

⑥ **수아 씨에게 주다, 생일 선물**

가: 내일 _____을 샀어요?
나: 네, 수아 씨가 좋아하는 것으로 샀어요.

▶ 15과 긴 글 쓰기 원고지

15. 축제

16과 실수와 경험

어휘와 표현 1

실수 관련 표현

▶ <보기>에서 알맞은 것을 골라 문장을 완성하십시오.

> **보기**
>
> 당황하다　　　　　부끄럽다　　　　　깜짝 놀라다
> 　　　얼굴이 빨개지다　　　　가슴이 두근거리다

1) 친구와 싸웠는데 너무 화가 나서 _____.

2) 조용한 도서관에 내 휴대폰 소리가 울려서 _____.

3) 아직 시험 문제를 다 풀지 못했는데 시간이 끝나서 _____.

4) 공원에서 운동하다가 사람들 앞에서 넘어져서 창피하고 _____.

5) 한국어를 잘하지 못해서 한국 사람이 말을 걸 때마다 불안하고 _____.

문법 1

동사/형용사 -았/었/했을 때

1 다음 표를 완성하십시오.

앉다		
타다	-았을 때	
오다		

먹다		
만들다	-었을 때	
* 듣다		

주문하다		
생각하다	했을 때	
실수하다		

2 <보기>와 같이 대화를 완성하십시오.

보기

친구 결혼식에 초대 받다

가: 악셀 씨, 제주도에 가 봤어요?
나: 네, <u>친구 결혼식에 초대 받았을 때</u> 한번 가 봤어요.

1) **음식이 입에 안 맞다**
가: 한국에서 가장 힘들 때는 언제였어요?
나: _____ 힘들었어요.

2) **이사를 오다**
가: 처음 _____는 아무것도 없었는데 지금은 짐이 많아요.
나: 네, 저도 그래요.

3) **작년에 가다**
가: 올해 영화 축제는 어땠어요?
나: _____는 사람이 많았는데 올해는 사람이 적었어요.

4) **공연장에 도착하다**
가: 어제 공연은 잘 봤어요?
나: _____는 이미 공연이 끝났어요.

5) **한국 문화를 모르다**
가: 한국에서 실수한 적이 있어요?
나: 네, _____ 실수를 정말 많이 했어요.

6) **한국어 수업을 처음 듣다**
가: 한국 생활에서 뭐가 가장 기억에 남아요?
나: _____가 가장 기억에 남아요.

3 <보기>와 같이 대화를 완성하십시오.

보기

가: 에밀리 씨, 아까 왜 전화를 안 받았어요?

나: 미안해요. <u>민정 씨가 전화했을 때</u> 영화관에 있었어요.
　　　　　　(민정 씨가 전화하다)

1) 가: 유이 씨, 엘레나 씨를 알아요?

   나: 네, _____ 제 룸메이트였어요.
   　　　　　　　　(기숙사에 살다)

2) 가: 와, 엘레나 씨, 가방이 멋진데요?

   나: 고마워요. _____ 기념으로 샀어요.
   　　　　　　　　　(첫 월급을 받다)

3) 가: 야스민 씨는 꿈이 뭐였어요?

   나: _____ 는 디자이너가 되고 싶었어요.
   　　　　(어리다)

4) 가: 샤오민 씨, 한국어 공부가 힘들지 않아요?

   나: 처음 _____ 는
   　　　　　(한국에 온 지 얼마 안 되다)
   높임말을 몰라서 힘들었어요.

5) 가: 요즘 회사생활은 좀 어때요?

   나: _____ 는 한국 문화를 몰라서
   　　　(처음 출근하다)
   당황했는데 지금은 익숙해졌어요.

문법 2

동사 -(으)ㄹ 뻔하다

1 다음 표를 완성하십시오.

앉다		
늦다	-을 뻔하다	
쏟다		

자다		
다치다	-ㄹ 뻔하다	
실수하다		

살다		
울다	-뻔하다	
만들다		

2 <보기>와 같이 대화를 완성하십시오.

보기

시간을 잘못 알다,
시험을 못 보다

가: 악셀 씨, 무슨 일 있었어요?
나: 시간을 잘못 알아서 시험을 못 볼 뻔했어요.

1) 답답하다, 죽다

가: 여러 번 불렀는데 왜 대답을 안 했어요?
_____.
나: 미안해요. 음악을 듣고 있었어요.

2) 사람이 많다, 못 앉다

가: 시영 씨, 여기예요. 이 자리에 앉으세요.
나: 고마워요. 환 씨가 없었으면 _____.

3) 목이 마르다, 마시다

가: 엘레나 씨, 그 커피 마시면 안 돼요. 마이클 씨 거예요.
나: 아, 그래요? _____.

4) 잘 안 보이다, 지나가다

가: 마이클 씨, 이쪽이에요.
나: 아, 유이 씨. 거기에 있었어요? _____.

5) 지하철을 잘못 타다, 지각하다

가: 오늘 아침에 _____.
나: 다행이에요. 그래도 지각을 안 했네요.

6) 우리 나라는 높임말이 없다, 반말을 하다

가: 한국에서는 어른에게 높임말을 써야 돼요.
나: 그래요? _____.

3. <보기>에서 알맞은 것을 골라 대화를 완성하십시오.

보기

내가 가져가다　　　　　너무 아파서 울다

여행을 못 가다　　　　　우리 팀이 이기다

일을 못 끝내다　　　　　발표가 처음이라서 실수하다

가: 타오 씨, 치료는 잘 받았어요?
나: 네, 치료를 받을 때 <u>너무 아파서 울</u> 뻔했는데 참았어요.

1) 가: 오마르 씨, 발표 잘했어요?
　 나: 네, _____ 한국 친구들이 많이 도와줘서 잘 끝났어요.

2) 가: 시영 씨, 어제 축구 경기 봤어요? _____ 너무 아쉬워요.
　 나: 맞아요. 그래도 다음에는 좋은 결과가 있겠죠.

3) 가: 에밀리 씨, 그거 제 거예요. 에밀리 씨 책은 여기 있어요.
　 나: 미안해요. 책에 이름이 안 써 있어서 _____.

4) 가: 오늘 _____ 에밀리 씨 덕분에 다 끝냈네요. 고마워요.
　 나: 고맙기는요. 언제든지 도와줄게요.

5) 가: 비행기표가 없어서 _____ 표를 구했어요.
　 나: 다행이네요. 잘 다녀오세요.

16과 실수와 경험 — 어휘와 표현 2

실수 관련 경험

▶ <보기>에서 알맞은 것을 골라 대화를 완성하십시오.

> **보기**
>
> 교통약자석에 앉다   한국어를 잘못 말하다
> 어른의 이름을 부르다   손을 흔들면서 인사하다
> 건물 안에서 담배를 피우다

1. 가: 한국은 식당에서 담배를 피우는 사람이 없네요.

   나: 네, 한국은 _____-(으)면 안 되다.

2. 가: 야스민 씨, 실수한 적이 있어요?

   나: 네, 친구 집에 갔을 때 친구 부모님께 _____-았/었/했다.

3. 가: 타오 씨는 한국어를 정말 잘하는 것 같아요.

   나: 아니에요. 저도 가끔 _____-(으)ㄹ 때가 있어요.

4. 가: 마이클 씨, 한국에서는 _____-(으)면 안 되다.

   나: 그래요? 몰랐어요. 지혜 씨가 안 알려 줬으면 이름을 부를 뻔했네요.

5. 가: 자리가 비었는데 _____-아/어/해도 되다?

   나: 거기는 앉지 않는 게 좋아요.

문법 1

[동사] -(으)ㄴ 적이 있다/없다

1 다음 표를 완성하십시오.

	-은 적이 있다/없다	
먹다		
앉다		
*듣다		

	-ㄴ 적이 있다/없다	
보다		
사다		
하다		

	-ㄴ 적이 있다/없다	
울다		
살다		

2 <보기>와 같이 대화를 완성하십시오.

보기1

가: 한국에 오기 전에 한국어를 배웠어요?
나: 네, 한국어를 배운 적이 있어요.

보기2

가: 한국에 오기 전에 한국어를 배웠어요?
나: 아니요, 한국어를 배운 적이 없어요.

1) 가: 길에서 돈을 주워 봤어요?
   나: _____.

2) 가: 남자/여자 친구를 사귀어 봤어요?
   나: _____.

3) 가: 한국에서 해변 열차를 타 봤어요?
   나: _____.

4) 가: 친구와 즉석 사진을 찍어 봤어요?
   나: _____.

5) 가: 아이돌 그룹 팬미팅에 가 봤어요?
   나: _____.

6) 가: 다른 나라의 전통 의상을 입어 봤어요?
   나: _____.

3 <보기>와 같이 대화를 완성하십시오.

보기

높임말을 모르다,
반말을 사용하다

가: 높임말을 몰라서 할아버지께 반말을 사용한 적이 있어요.
나: 할아버지가 당황하셨겠네요.

① 경찰서에 가다,
잃어버린 휴대폰을 찾다

가: _____.
나: 다행이네요.

② 거리 공연을 하다,
용돈을 벌다

가: _____.
나: 와, 대단하네요.

③ 캠핑을 좋아하다,
한 달 동안 캠핑을 하다

가: _____.
나: 저도 해 보고 싶네요.

④ 태권도를 배우다,
친구에게 가르쳐 주다

가: _____.
나: 그래요? 저도 가르쳐 주세요.

⑤ 아르바이트를 하다,
부모님께 선물하다

가: _____.
나: 부모님께서 좋아하셨겠어요.

⑥ 달리기 대회에 나가다,
우승하다

가: _____.
나: 저도 다음에 대회에 나가 보고 싶어요.

▶ 16과 긴 글 쓰기 원고지

정답 및 예시

9과 안부 106

10과 학교 시설 108

11과 우체국과 은행 110

12과 예약 112

13과 집 114

14과 한국 생활 116

15과 축제 118

16과 실수와 경험 121

정답 및 예시

9과 안부

▶ **빈칸을 채우십시오.** 4쪽

1) 요즘 어떻게 지내?

2) 특별한 일 없어?

3) 잘 지내.

4) 별일 없어.

5) 매일 똑같아.

6) 요즘 바빠.

7) 일이 많아.

3 <보기>와 같이 대화를 완성하십시오. 7쪽

1) 가: 마이클, 볼펜 있어?
   나: 아니, 없어.

2) 가: 이 신발은 어때?
   나: 나한테는 조금 작아.

3) 가: 유이 동생은 키가 커?
   나: 응, 내 동생은 키가 커.

4) 가: 엘레나는 뭐 먹을 거야?
   나: 나는 비빔밥이 먹고 싶어.

5) 가: 시영과는 어떻게 알아?
   나: 고등학생 때 같은 반이었어.

6) 가: 저 사람은 누구야?
   나: 내 친구야.

2 <보기>와 같이 대화를 완성하십시오. 6쪽

1) 가: 지금 어디에 살아?
   나: 학교 근처에 살아.

2) 가: 요즘 날씨가 어때?
   나: 날씨가 추워.

3) 가: 어제 수업 끝나고 뭐 했어?
   나: 친구를 만났어.

4) 가: 오늘 기분이 어땠어?
   나: 기분이 좋았어.

5) 가: 저건 누구 가방이야?
   나: 내 가방이야.

6) 가: 가장 좋아하는 음식이 뭐야?
   나: 김치찌개야.

2 <보기>와 같이 대화를 완성하십시오. 9쪽

1) 가: 이 옷을 팔까?
   나: 네가 잘 안 입는 옷이면 팔아.

2) 가: 같이 점심 먹으러 갈래 / 갈까?
   나: 좋아, 학교 앞 식당으로 가자.

3) 가: 이 불고기가 맛있지?
   나: 그래? 나는 별로야.

4) 가: 새로 산 모자가 예쁘지?
   나: 응, 너한테 잘 어울리네.

5) 가: 내일이 휴일이지?
   나: 응, 넌 뭐 할 거야?

6) 가: 저 사람이 환의 동생이지?
   나: 맞아, 환이랑 같이 있는 것도 봤어

3 <보기>와 같이 대화를 완성하십시오. 10쪽

1) 가: 에어컨을 켤까?
   나: 응, 켜 줘.

2) 가: 방학에 여행은 어디로 갈까?
   나: 여름이니까 바다로 가자.

3) 가: 이 가수 잘생겼지?
   나: 응, 잘생겼네.

4) 가: 수아야, 짐이 좀 무겁지?
   나: 괜찮아, 혼자 들 수 있어.

5) 가: 첸, 이쪽으로 와 줄래?
   나: 응, 지금 바로 갈게.

6) 가: 재영아, 저녁에 테니스를 치러 갈래?
   나: 미안해. 오늘은 머리가 아파서 좀 쉴래.

▶ <보기>에서 알맞은 것을 골라 문장을 완성하십시오. 11쪽

1) 지난달까지는 일을 했지만, 지금은 일을 잠시 쉬고 있어요.

2) 지금 다니는 회사가 저랑 안 맞아서 다음 달에 회사를 옮길 거예요 / 옮기려고 해요.

3) 대학교 학비를 벌려고 아르바이트를 시작했어요.

4) 얼마 전에 남자/여자 친구가 생겼어요.
   이번 주말에 첫 데이트를 해요.

5) 친구가 남자/여자 친구와 헤어져서 기분이 안 좋아요.

6) 일주일 동안 제주도로 휴가를 다녀왔어요 / 다녀올 거예요 / 다녀오려고 해요.

2 <보기>와 같이 문장을 완성하십시오. 13쪽

1) 유이는 수영을 잘하는데 마이클은 수영을 못해요.

2) 저는 매운 음식을 잘 먹는데 형은 매운 음식을 잘 못 먹어요.

3) 우리 집은 거실은 따뜻한데 방은 추워요.

4) 이 길은 낮에는 사람이 적은데 밤에는 사람이 많아요.

5) 마르완의 가방은 무거운데 악셀의 가방은 가벼워요.

6) 한국은 여름인데 브라질은 겨울이에요.

3 <보기>와 같이 대화를 완성하십시오. 14쪽

1) 가: 무슨 고민 있어요?
   나: 네, 제가 매일 공원을 걷는데 살이 안 빠져요.

2) 가: 잔느 씨는 공부를 열심히 하네요. 성적도 좋지요?
   나: 아, 잔느는 공부는 열심히 하는데 성적은 안 좋아요.

3) 가: 저 가게에서 먹어 봤어요?
   나: 네, 저 가게는 음식 양은 많은데 맛이 없어요.

4) 가: 이 노트북을 살까요?
   나: 이 노트북은 가격은 비싼데 튼튼하지 않아요.

5) 가: 전공이 뭐예요?
   나: 제가 전공이 영어인데 영어를 잘 못해요.

6) 가: 저 사람이 동생이에요? 키가 엄청 크네요.
   나: 네, 동생은 중학생인데 나보다 키가 커요.

10과 학교 시설

▶ <보기>에서 알맞은 것을 골라 쓰십시오. 16쪽

1) 열람실
2) 스터디룸
3) 북 카페
4) 도서 검색대
5) 노트북 이용실
6) 세미나실
7) 무인 반납기
8) 안내 데스크

2 <보기>와 같이 대화를 완성하십시오. 18쪽

1) 가: 회의 장소를 찾고 있는데 어떻게 해야 돼요?
   나: 세미나실을 이용하면 돼요.

2) 가: 새로 나온 책을 보고 싶은데 어디에서 볼 수 있어요?
   나: 도서관 입구에서 확인하면 돼요.

3) 가: 스터디 룸 이용 시간이 끝났는데 어떻게 해야 돼요?
   나: 스터디 룸을 정리하고 나오면 돼요.

4) 가: 주말에 책을 반납하고 싶은데 어떻게 해야 돼요?
   나: 무인 반납기에 넣으면 돼요.

5) 가: 열람실이 시끄러운데 어떻게 해야 돼요?
   나: 안내 데스크에 이야기하면 돼요.

6) 가: 여기 안내 데스크인데 이제 뭐 하면 돼요?
   나: 제가 예약한 책을 찾아오세요.

3 <보기>와 같이 대화를 완성하십시오. 19쪽

1) 가: 열람실이 답답한데 북 카페로 옮길까요?
   나: 네, 저도 좀 답답했어요.

2) 가: 식당에 줄이 긴데 다른 식당에서 먹을까요?
   나: 좋아요. 줄이 너무 기네요

3) 가: 수아 씨 생일인데 선물을 준비할까요?
   나: 그래요. 수아 씨가 좋아할 거예요.

4) 가: 비가 오는데 우산을 좀 빌려 주세요.
   나: 여기요. 이 우산을 쓰세요.

5) 가: 주문한 커피가 아닌데 커피를 바꿔 주세요.
   나: 손님, 죄송합니다.

6) 가: 깜박하고 모임 사진을 못 찍었는데 찍은 사진을 좀 보내 주세요.
   나: 알겠어요. 나중에 이메일로 보내 줄게요.

▶ <보기>에서 알맞은 것을 골라 쓰십시오. 20쪽

1) 이용 안내문
2) 이용 시간
3) 이용 방법
4) 주의 사항

2 <보기>와 같이 문장을 완성하십시오. 22쪽

① 학기가 시작하기 전에 기숙사 신청을 받는다.

② 기숙사 빨래방에 있는 세탁기에는 세제를 넣지 않는다.

③ 우리 학교 안에 있는 카페는 가격이 싸다.

④ 나는 한국어로 신청서를 쓰는 것이 어렵지 않다.

⑤ 어제 e-class에서 수업 시간표를 확인했다.

⑥ 내일 나는 도서관에 있는 북 카페에서 모임을 할 것이다.

2 <보기>와 같이 대화를 완성하십시오. 25쪽

① 가: 잔느 씨는 어디 갔어요?
  나: 전화를 받다가 갑자기 나갔어요.

② 가: 무슨 일이에요?
  나: 과제를 하다가 컴퓨터에 물을 쏟았어요.

③ 가: 잃어버린 이어폰은 찾았어요?
  나: 아니요, 이어폰을 찾다가 결국 못 찾았어요.

④ 가: 다리가 왜 그래요?
  나: 어제 계단을 내려가다가 넘어졌어요.

⑤ 가: 작년까지 외국에서 살았어요?
  나: 네, 작년까지 일본에 살다가 올해 한국에 왔어요.

⑥ 가: 무슨 일로 전화했어?
  나: 고등학생 때 사진을 보다가 네가 생각이 나서 전화했어.

3 <보기>와 같이 문장을 완성하십시오. 23쪽

내가 다니는 학교에는 다양한 편의 시설이 〔보기〕 있다. 그중에서 ㉠ 내가 자주 가는 곳은 ㉡ 도서관이다. 도서관에는 학생이 이용할 수 있는 스터디 룸, 노트북 이용실, 복사실이 ㉢ 있다. 그런데 이번에 손님 스스로 커피를 만들어서 마실 수 있는 무인 카페가 ㉣ 생겼다. 그래서 이제는 커피를 마시고 싶을 때 언제나 커피를 ㉤ 마실 수 있다. 그런데 어제 시험 기간이라서 공부를 하러 도서관에 갔는데 도서관 입구가 카페처럼 ㉥ 시끄러웠다. 무인 카페에 친구들과 커피를 마시러 온 학생들이 ㉦ 많았다. 도서관에 있는 카페니까 다른 카페와 다른 이용 방법이 ㉧ 생겨야 할 것 같다.

3 <보기>와 같이 문장을 완성하십시오. 26쪽

① 음악을 듣다가 시끄러워서 소리를 줄였어요.

② 무서운 영화를 보다가 놀라서 소리를 질렀어요.

③ 옷을 빨다가 주머니에서 돈이 나와서 기뻤어요.

④ 커피를 마시다가 배가 고파서 케이크를 주문했어요.

⑤ 식당에서 밥을 먹다가 음식이 부족해서 음식을 더 시켰어요.

⑥ 영화를 보다가 영화가 슬퍼서 영화가 끝날 때까지 울었어요.

11과 우체국과 은행

▶ 알맞은 것을 연결하십시오. 28쪽

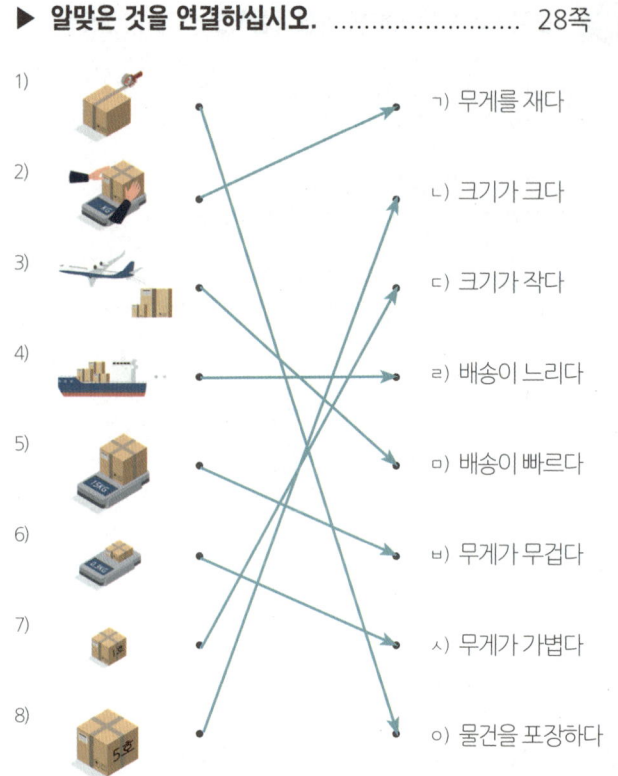

2 <보기>와 같이 알맞은 것을 연결하고 문장을 쓰십시오.
.... 30쪽

보기 다음 주에 시험이 있다 — ㄴ) 공부해야 하다
1) 집이 좁다 — ㄷ) 이사하고 싶다
2) 배가 아프다 — ㄱ) 병원에 가다
3) 상자가 무겁다 — ㄹ) 혼자 들 수 없다
4) 매일 늦게 자다 — ㅁ) 수업 중에 자주 졸다
5) 운동을 좋아하다 — ㅅ) 매일 스포츠 센터에 가다
6) 오늘 비가 많이 오다 — ㅂ) 운전을 조심해야 하다

1) 집이 좁기 때문에 이사하고 싶어요.

2) 배가 아프기 때문에 병원에 가요.

3) 상자가 무겁기 때문에 혼자 들 수 없어요.

4) 매일 늦게 자기 때문에 수업 중에 자주 졸아요.

5) 운동을 좋아하기 때문에 매일 스포츠 센터에 가요.

6) 오늘 비가 많이 오기 때문에 운전을 조심해야 해요.

3 <보기>와 같이 대화를 완성하십시오. 31쪽

1) 가: 퇴근 안 해요?
   나: 아직 일이 남아 있기 때문에 끝나고 퇴근할 거예요.

2) 가: 마이클 씨는 파란색 옷이 많네요.
   나: 제가 파란색을 좋아하기 때문에 파란색 옷이 많아요.

3) 가: 머리 아픈 건 괜찮아요?
   나: 조금 전에 약을 먹었기 때문에 지금은 괜찮아요.

4) 가: 어제 왜 전화를 안 받았어요?
   나: 휴대폰을 잃어버렸기 때문에 전화를 받을 수 없었어요.

5) 가: 오늘은 축구 경기 안 봐요?
   나: 태풍 때문에 축구 경기가 취소됐어요.

6) 가: 길이 너무 막히네요.
   나: 교통사고 때문에 길이 막히는 것 같아요.

2 <보기>와 같이 대화를 완성하십시오. 34쪽

1) 가: 학교에 어떻게 가요?
   나: 버스를 타거나 걸어서 가요.

2) 가: 주말에 집에서 뭐 해요?
   나: 집안일을 하거나 텔레비전을 봐요.

3) 가: 졸업하고 뭐 할 거예요?
   나: 취직하거나 대학원에 들어갈 거예요.

4) 가: 부산에 가서 뭐 하고 싶어요?
   나: 해변 열차를 타거나 바다에서 서핑을 하고 싶어요.

5) 가: 이 안내문을 뭘로 붙여요?
   나: 풀이나 테이프로 붙여요.

6) 가: 카페에서 보통 뭐 마셔요?
   나: 아메리카노나 카페라테를 마셔요.

▶ 알맞은 것을 연결하십시오. 32쪽

1) ㄱ) 은행 계좌
2) ㄴ) 체크 카드
3) ㄷ) 돈을 넣다
4) ㄹ) 돈을 뽑다
5) ㅁ) 돈을 보내다
6) ㅂ) 잔액을 확인하다
7) ㅅ) 현금 인출기(ATM)

3 <보기>와 같이 대화를 완성하십시오. 35쪽

1) 가: 작품을 만지거나 발로 차지 마세요.
   나: 네, 알겠습니다

2) 가: 이 고기는 어떻게 먹으면 돼요?
   나: 프라이팬에 굽거나 냄비에 삶아서 드시면 됩니다.

3) 가: 몸이 힘들거나 아프지 않아요?
   나: 네, 괜찮아요.

4) 가: 비밀번호는 언제 사용해요?
   나: 송금하거나 출금할 때 비밀번호가 필요합니다.

5) 가: 이거 다 저기에 버리면 돼요?
   나: 아니요, 캔이나 유리는 따로 버려야 합니다.

6) 가: 공항까지 어떻게 가요?
   나: 버스나 지하철을 타고 갈 수 있습니다.

12과 예약

2 <보기>와 같이 문장을 완성하십시오. 37쪽

1) 일주일에 한 권씩 책을 읽을 것.
2) 이름을 부를 때까지 앉아서 기다릴 것.
3) 사람이 많은 곳에서는 아이의 손을 꼭 잡을 것.
4) 예약할 때 날짜와 이름을 확인할 것.
5) 아무도 회의실에 들어오지 말 것.
6) 밤 10시 이후에는 음식을 먹지 말 것.

3 <보기>와 같이 문장을 완성하십시오. 38쪽

1) 자기 전에 약을 먹을 것.
2) 도서관에서는 조용히 할 것.
3) 수업 중에는 한국어로 말할 것.
4) 모르는 것은 선생님께 물어볼 것.
5) 길에 쓰레기를 버리지 말 것.
6) 밤에 피아노를 연주하지 말 것.

▶ 알맞은 것을 연결하십시오. 40쪽

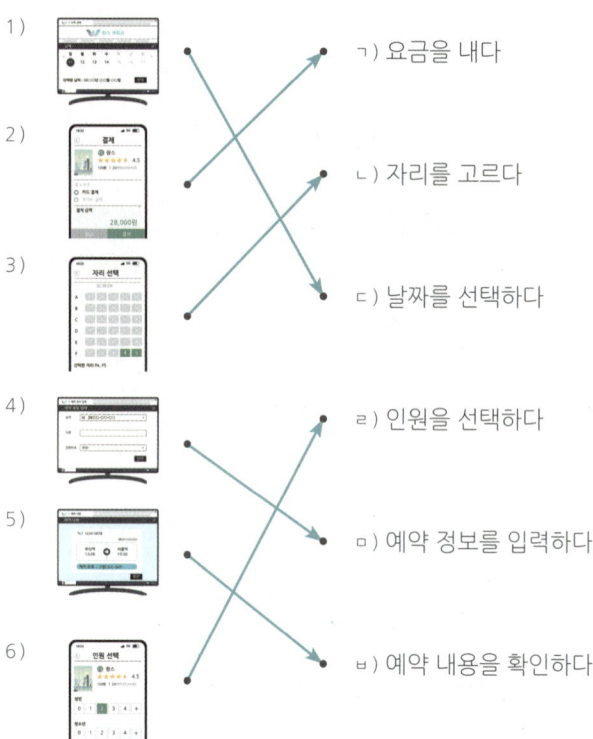

1) — ㄷ) 날짜를 선택하다
2) — ㄱ) 요금을 내다
3) — ㄴ) 자리를 고르다
4) — ㅁ) 예약 정보를 입력하다
5) — ㅂ) 예약 내용을 확인하다
6) — ㄹ) 인원을 선택하다

2 <보기>와 같이 대화를 완성하십시오. 42쪽

1) 가: 백화점에서 뭘 살 거예요?
   나: 가방을 살까 해요.
2) 가: 집에서 뭐 할 거예요?
   나: 소설책을 읽을까 해요.
3) 가: 파티는 어디에서 할 거예요?
   나: 파티 룸을 빌릴까 해요.
4) 가: 유이 씨에게 뭘 선물할 거예요?
   나: 시계를 선물할까 해요.
5) 가: 주말에 어디에 갈 거예요?
   나: 바다를 보러 갈까 해요.
6) 가: 언제까지 공부할 거예요?
   나: 밥 먹기 전까지 공부할까 해요.

3 <보기>와 같이 대화를 완성하십시오. 43쪽

① 가: 가족들과 <u>외식을 할까 하는데</u> 어디가 좋을까요?
　나: "랑스 레스토랑"이라고 하는 식당이 맛있어요.

② 가: 이 아파트로 <u>이사를 갈까 하는데</u> 괜찮지요?
　나: 네, 역과도 가깝고 좋은 것 같아요.

③ 가: 저녁으로 <u>카레를 만들까 하는데</u> 어때요?
　나: 저는 좋아요. 기대할게요.

④ 가: 이번에 <u>머리 색깔을 바꿀까 하는데</u> 무슨 색이 어울릴까요?
　나: 빨간색은 어때요?

⑤ 가: 주말에 <u>당구를 치러 갈까 하는데</u> 갈래?
　나: 좋아, 주말에 보자.

⑥ 가: 나는 이번 학기에 <u>글쓰기 수업을 들을까 하는데</u> 같이 들을래?
　나: 아니, 나는 K-팝 댄스 수업을 들으려고.

▶ 알맞은 것을 연결하십시오. 44쪽

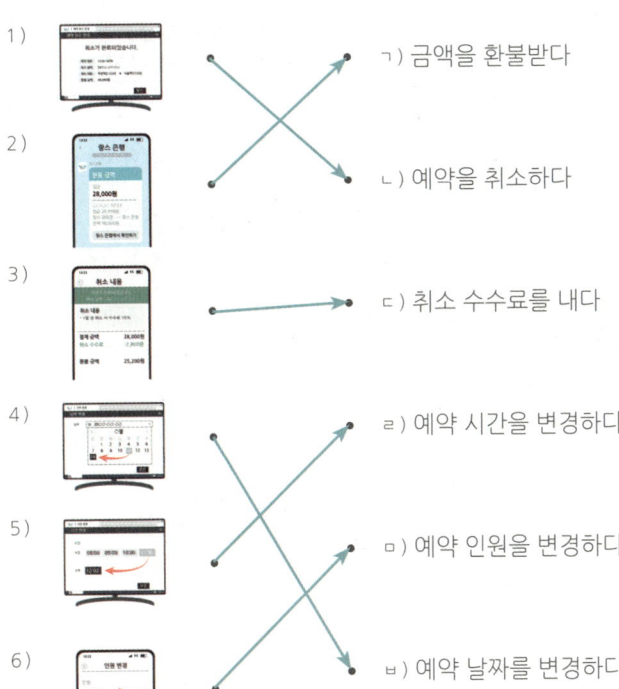

1) — ㄴ) 예약을 취소하다
2) — ㄱ) 금액을 환불받다
3) — ㄷ) 취소 수수료를 내다
4) — ㅂ) 예약 날짜를 변경하다
5) — ㄹ) 예약 시간을 변경하다
6) — ㅁ) 예약 인원을 변경하다

2 <보기>와 같이 대화를 완성하십시오. 46쪽

① 가: <u>옷이 안 맞을까 봐</u> 걱정이에요.
　나: 한 번 입어 보세요.

② 가: <u>제 요리가 맛없을까 봐</u> 걱정이에요.
　나: 괜찮아요. 요리해 보세요.

③ 가: 자동차 속도 좀 줄여요. <u>사고가 날까 봐</u> 무서워요.
　나: 알았어요. 천천히 갈게요.

④ 가: 바닥이 유리네요. <u>아래로 떨어질까 봐</u> 무서워요.
　나: 안 떨어지니까 걱정 마세요.

⑤ 가: 태풍 때문에 <u>창문이 깨질까 봐</u> 불안해요.
　나: 창문에 테이프를 붙이면 괜찮을 거예요.

⑥ 가: <u>자전거를 타면 넘어질까 봐</u> 불안해요.
　나: 여러 번 타 보면 괜찮을 거예요.

3 <보기>와 같이 대화를 완성하십시오. 47쪽

① 가: 오늘은 왜 택시를 탔어요?
　나: <u>지각할까 봐 택시를 탔어요.</u>

② 가: 우산은 왜 가지고 왔어요?
　나: <u>비가 올까 봐 가지고 왔어요.</u>

③ 가: 왜 이렇게 서두르고 있어요?
　나: <u>회의 시간에 늦을까 봐 서두르고 있어요.</u>

④ 가: 뭘 그렇게 열심히 하고 있어요?
　나: <u>발표에서 실수할까 봐 연습하고 있어요.</u>

⑤ 가: 지난 주말에 불꽃 축제에 갔어요?
　나: 아니요, <u>사람이 많을까 봐 안 갔어요.</u>

⑥ 가: 새로 나온 라면 먹어 봤어요?
　나: 아니요, <u>너무 매울까 봐 안 먹었어요.</u>

13과 집

2 <보기>와 같이 대화를 완성하십시오. 49쪽

1) 가: 드라마는 언제 봐요?
    나: 밥을 먹는 동안에 드라마를 봐요.

2) 가: 버스를 타면 보통 뭘 해요?
    나: 버스가 가는 동안에 창밖을 구경해요.

3) 가: 언제 저에게 메시지를 보냈어요?
    나: 수업을 듣는 동안에 메시지를 보냈어요.

4) 가: 회의 내용 기억해요?
    나: 네, 회의를 하는 동안에 메모를 했어요.

5) 가: 운전면허증이 있어요?
    나: 네, 대학교를 다니는 동안에 운전면허증을 땄어요.

6) 가: 사진이 많네요.
    나: 여행을 하는 동안에 사진을 많이 찍었어요.

▶ <보기>와 같이 빈칸에 쓰십시오. 52쪽

1) 욕실/화장실
2) 베란다
3) 부엌
4) 거실
5) 작은방
6) 현관

3 <보기>와 같이 대화를 완성하십시오. 50쪽

1) 가: 뭘 찾고 있어요?
    나: 귀걸이요. 옷을 갈아입는 동안 떨어진 것 같아요.

2) 가: 배달 시켰어요?
    나: 네, 음식이 오는 동안 방을 정리할까요?

3) 가: 라면은 어떻게 만들어요?
    나: 냄비에 물이 끓는 동안 면과 스프를 넣으면 돼요.

4) 가: 미안해요. 오래 기다렸지요?
    나: 괜찮아요. 유이 씨를 기다리는 동안 드라마 한 편 봤어요.

5) 가: 고향에 얼마나 있었어요?
    나: 이틀 동안 있었어요.

6) 가: 엘레나 씨, 한국어가 많이 늘었네요.
    나: 네, 최근 1년 동안 열심히 공부했어요.

2 <보기>와 같이 대화를 완성하십시오. 54쪽

1) 가: 지금 사는 곳은 마음에 들어요?
    나: 네, 원룸이라서 혼자 살기 적당해요.

2) 가: 지금 살고 있는 집은 어때요?
    나: 마당이 넓어서 강아지를 키우기 좋아요.

3) 가: 이번에 이사한 집은 어때요?
    나: 엘리베이터가 있어서 물건을 옮기기 쉬워요.

4) 가: 왜 혼자 살고 싶어요?
    나: 부모님과 같이 살아서 친구를 부르기 어려워요.

5) 가: 마이클 씨 집에 가 봤어요?
    나: 네, 소파가 없어서 앉아 있기 불편했어요.

6) 가: 지금 살고 있는 집은 어때요?
    나: 버스 정류장이 가까워서 학교 가기 편해요. (예시)

3 <보기>와 같이 대화를 완성하십시오. 55쪽

① 가: 한국어 공부는 어때요?
　 나: <u>단어를 외우기</u>가 어려워요.

② 가: 제가 만든 쿠키 맛이 어때요?
　 나: 맛있어요. 그리고 크기가 작아서 <u>한 번에 먹기</u>가 좋네요.

③ 가: 요즘은 배달 앱이 있어서 <u>음식을 주문하기</u>가 편한 것 같아요.
　 나: 맞아요. 그래서 저도 배달 앱을 자주 사용해요.

④ 가: 집에 만화책이 많네요.
　 나: 제 취미가 <u>만화책 모으기</u>이라서/⦅라서⦆ 한 달에 10권 정도 사요.

⑤ 가: 오래 걸어야 할 것 같은데 구두를 신고 있어서 어떡해요?
　 나: 걱정하지 마세요. <u>걷기</u>을/⦅를⦆ 좋아해서 운동화를 항상 가지고 다녀요.

⑥ 가: 약속 시간에 늦었는데 버스가 안 와.
　 나: 그럼, <u>버스를 기다리기</u>보다 택시를 타는 게 좋겠어.

▶ <보기>에서 알맞은 것을 골라 문장을 완성하십시오. 56쪽

① <u>위치가 좋으면</u> 집세가 다른 집보다 비싸다.

② 내가 다니는 회사는 <u>거리가 멀기 때문에</u> 일찍 출발해야 한다.

③ 내 방은 <u>햇빛이 잘 들어와서</u> 겨울에 아주 따뜻한 편이다.

④ 지금 사는 곳은 버스 정류장과 지하철역이 멀어서 <u>교통이 불편하다</u>.

⑤ 맛집이 근처에 있으니까 <u>주변이 시끄러워서</u> 살기가 불편하다.

⑥ 우리 학교 기숙사는 올해 지은 <u>새 건물이라서</u> 깨끗하다.

2 <보기>와 같이 문장을 완성하십시오. 58쪽

① <u>집세가 쌌으면 좋겠어요</u>.

② <u>부엌이 넓었으면 좋겠어요</u>.

③ <u>교통이 편했으면 좋겠어요</u>.

④ <u>베란다가 있었으면 좋겠어요</u>.

⑤ <u>새 가구였으면 좋겠어요</u>.

⑥ <u>지하철역과 가까웠으면 좋겠어요</u>.

3 <보기>와 같이 대화를 완성하십시오. 59쪽

① 가: 생일에 뭘 했으면 좋겠어요?
　 나: <u>연극을 보고 꽃을 받았으면 좋겠어요</u>.

② 가: 어떤 사람과 데이트하고 싶어요?
　 나: <u>다리가 길고 청바지가 어울렸으면 좋겠어요</u>.

③ 가: 어떤 곳에서 살고 싶어요?
　 나: <u>정원이 있고 마당이 넓었으면 좋겠어요</u>.

④ 가: 룸메이트가 어떤 성격이었으면 좋겠어요?
　 나: <u>활발하고 마음이 따뜻했으면 좋겠어요</u>.

⑤ 가: 배달 음식은 어떤 걸로 시킬까요?
　 나: <u>양이 많고 매웠으면 좋겠어요</u>.

⑥ 가: 룸메이트가 어떤 성격이었으면 좋겠어요?
　 나: <u>화를 잘 안 내고 착했으면 좋겠어요</u>. (예시)

14과 한국 생활

2 <보기>와 같이 대화를 완성하십시오. 61쪽

① 가: 마이클 씨는 한국어를 정말 잘하네요.
나: 매일 한국 친구들과 한국어로 말하니까
<u>한국어 실력이 늘 수밖에 없어요.</u>

② 가: 오늘 놀이공원에 사람이 많을까요?
나: 주말이라서 <u>사람이 많을 수밖에 없어요.</u>

③ 가: 시험 성적이 안 좋아서 걱정이에요.
나: 공부는 안 하고 놀기만 하니까
<u>성적이 나쁠 수밖에 없어요.</u>

④ 가: 날씨가 추운 것 같아요.
나: 오늘은 눈이 와서 <u>어제보다 추울 수밖에 없어요.</u>

⑤ 가: 저 가수가 입은 티셔츠 가격이 50만 원이에요.
나: 유명한 디자이너가 만든 옷이라서
<u>가격이 비쌀 수밖에 없어요.</u>

⑥ 가: 운동을 하는데 왜 계속 살이 찌지?
나: 과자를 먹으니까 <u>살이 찔 수밖에 없어.</u>

3 <보기>에서 알맞은 것을 골라 대화를 완성하십시오. 62쪽

① 가: 날씨가 추운데 왜 집에 안 들어가고 있어요?
나: 현관문이 고장이 나서
<u>고치는 사람을 기다릴 수밖에 없어요.</u>

② 가: 인터넷에 룸메이트를 구하는 글을 올렸어요?
나: 네, 집세가 너무 비싸서
<u>룸메이트를 찾을 수밖에 없어요.</u>

③ 가: 이 건물에는 엘리베이터가 없어요?
나: 네, 그래서 <u>계단으로 물건을 옮길 수밖에 없어요.</u>

④ 가: 여기는 시골이라서 배달 음식을 시키기가 어렵지요?
나: 네, 식당에서 배달 주문을 안 받으니까
<u>직접 요리해서 먹을 수 밖에 없어요.</u>

⑤ 가: 이번에도 못 만나는 거야?
나: 응, 미안해. 급한 일이 생겨서
<u>약속을 취소할 수밖에 없어.</u>

⑥ 가: 나는 냉면을 먹고 싶었는데 왜 갈비탕을 시켰어?
나: 지금 겨울이야. 냉면은 여름 메뉴니까
<u>다른 것을 주문할 수밖에 없었어.</u>

▶ <보기>에서 알맞은 것을 골라 대화를 완성하십시오. 64쪽

① 가: 한국어를 잘하고 싶은데 좋은 방법이 있어요?
나: <u>한국 사람들과 어울리거나</u> 드라마를 보면서 공부해 보세요.

② 가: 한국의 겨울은 너무 추워요.
나: 맞아요. 한국에서 2년 동안 살았지만
<u>한국 날씨에 적응하기가</u> 어려워요.

③ 가: 제가 만든 <u>음식이 입에 맞으세요?</u>
나: 네, 정말 맛있어요. 요리를 잘하시네요.

④ 가: 한국에서는 할아버지나 할머니께 <u>높임말을 사용해야 해요.</u>
나: 알겠어요.

⑤ 가: 한국 생활은 어때요?
나: 처음에는 문화가 달라서 힘들었는데
지금은 <u>한국 생활에 익숙해졌어요.</u>

⑥ 가: 나는 지금보다 돈도 많이 벌고 좋은 집에 살았으면 좋겠어.
나: 그래? 나는 지금 <u>생활에 만족해.</u>

2 <보기>와 같이 문장을 완성하십시오. 66쪽

① <u>감기약을 먹은 지 15분이 됐어요.</u>

② <u>공원을 걸은 지 30분이 됐어요.</u>

③ <u>친구와 수다를 떤 지 1시간이 됐어요.</u>

④ <u>운전면허를 딴 지 한 달이 됐어요.</u>

⑤ <u>남자/여자 친구를 사귄 지 2년이 됐어요.</u>

⑥ <u>한국어를 배운 지 5개월이 됐어요.</u> (예시)

3 <보기>와 같이 대화를 완성하십시오. 67쪽

1) 가: 저 가게는 왜 항상 문이 닫혀 있어요?
   나: 몰랐어요? 가게가 <u>문을 닫은 지 6개월이 넘었어요</u>.

2) 가: 요즘 SNS에 사진이 안 올라오네요.
   나: 시험이 얼마 안 남았어요.
      그래서 <u>SNS를 안 한 지 1주일이 넘었어요</u>.

3) 가: <u>이 휴대폰을 쓴 지 4년이 됐어요</u>.
   나: 오래됐네요. 이제 바꾸는 게 좋겠어요.

4) 가: 아직도 드럼을 배워요?
   나: 그럼요. <u>드럼을 배운 지 반년이 됐어요</u>.

5) 가: 늦어서 미안해요. 공연은 시작했어요?
   나: 네, <u>벌써 공연이 시작한 지 10분이 지났어요</u>.

6) 가: 타오 씨, 할머니께서는 잘 계시지요?
   나: 할머니요? <u>돌아가신 지 2년이 지났어요</u>.

3 <보기>와 같이 대화를 완성하십시오. 67쪽

1) 가: 한국어가 많이 늘었네요.
   나: <u>한국 친구와 연습하면서 한국어가 늘게 됐어요</u>.

2) 가: 오마르 씨의 소식을 어떻게 알았어요?
   나: <u>SNS를 보면서 소식을 알게 됐어요</u>.

3) 가: K-팝 가수가 꿈이에요?
   나: 네, 가수들이 <u>노래하는 모습을 보면서 꿈을 꾸게 됐어요</u>.

4) 가: 마이클 씨는 낚시하기가 취미예요?
   나: 네, 아버지와 <u>낚시하러 다니면서 낚시를 좋아하게 됐어요</u>.

5) 가: 언제 브이로그를 시작했어요?
   나: <u>유학 생활을 하면서 브이로그를 찍게 됐어요</u>.

6) 가: 왜 한국에 왔어요?
   나: <u>한국 드라마를 보면서 한국 문화에 관심을 가지게 됐어요</u>.

2 <보기>와 같이 대화를 완성하십시오. 69쪽

1) 가: 악셀 씨는 고향 친구예요?
   나: 아니요, 한국에 와서 <u>악셀 씨를 알게 됐어요</u>.

2) 가: 아까는 파란 티셔츠를 입었지요?
   나: 맞아요. 근데 옷이 젖어서 <u>옷을 갈아입게 됐어요</u>.

3) 가: 왜 유학을 왔어요?
   나: 외국에서 살아 보고 싶어서 <u>유학을 오게 됐어요</u>.

4) 가: 시영 씨는 친구가 정말 많네요.
   나: 저도 친구가 별로 없었는데 모임에 나가면서
      <u>친구를 사귀게 됐어요</u>.

5) 가: 왜 원룸으로 이사를 가요?
   나: 지금 사는 곳이 시끄러워서 <u>이사를 가게 됐어요</u>.

6) 가: 내일 K-팝 콘서트를 보러 가지요?
   나: 아니요, 갑자기 일이 생겨서 <u>콘서트에 못 가게 됐어요</u>.

▶ <보기>에서 알맞은 것을 골라 문장을 완성하십시오.
.... 71쪽

다음 달이면 고향으로 돌아간다. 그래서 고향에 가기 전에 친구들과 ㉠ <u>추억을 만들고 싶어서</u> 부산으로 ㉡ <u>추억 여행을 가기로 했다</u>. 부산은 내가 한국에 와서 처음 친구들과 여행을 간 곳이다. 그래서 여행 장소를 정할 때 부산이 ㉢ <u>생각이 났다</u>. 지난 여행 때 입은 옷을 입고 같은 장소에서 사진을 찍기로 했다. 나중에 고향으로 돌아가서 여행 사진을 보면 한국 생활이 많이 ㉣ <u>기억에 남을 것 같다</u>. 그리고 여행이 끝난 후에는 그동안 내가 힘들 때마다 도움을 준 ㉤ <u>고마운 사람들을 만나서</u> 감사한 ㉥ <u>마음을 전할 것이다</u>.

15과 축제

2 <보기>와 같이 대화를 완성하십시오. 73쪽

1) 가: 약속 시간에 늦어서 미안해요.
   나: 미안하기는요. 많이 안 기다렸어요.

2) 가: 한국어를 한국 사람처럼 잘하는 것 같아요.
   나: 잘하기는요. 친구들이 도와준 덕분이에요.

3) 가: K-팝 댄스를 잘 추네요.
   나: 잘 추기는요.
   혼자 인터넷 영상을 보고 배워서 실수가 많아요.

4) 가: 이거 제가 만들었는데 좀 짠 것 같아요. 어때요?
   나: 짜기는요. 제 입에 맞으니까 걱정하지 마세요.

5) 가: 요즘도 아침마다 달리기 모임에 나가요?
   정말 부지런하네요.
   나: 부지런하기는요. 건강에 좋아서 하는 거예요.

6) 가: 한옥 체험은 어땠어요? 좀 불편했죠?
   나: 불편하기는요.
   한국 문화를 체험할 수 있어서 정말 좋았어요.

3 <보기>와 같이 대화를 완성하십시오. 74쪽

1) 가: 룸메이트랑 성격이 잘 맞아요?
   나: 잘 맞기는요. 서로 대화도 안 해요.

2) 가: 요즘 가게가 많이 바빠요?
   나: 바쁘기는요. 손님이 없어서 걱정이네요.

3) 가: 어제 남자/여자 친구랑 데이트 잘했어요?
   나: 잘하기는요. 남자/여자 친구가 화가 나서 집에 갔어요.

4) 가: 너는 동생이랑 얼굴이 많이 닮은 것 같아.
   나: 닮기는. 내가 더 낫지.

5) 가: 이번에 시작한 드라마 재미있지?
   나: 재미있기는. 너무 재미없어서 안 보려고.

6) 가: 너 아까 영화 보고 울었지?
   나: 울기는. 하품한 거야.

▶ 알맞은 것을 연결하십시오. 76쪽

1) — ㄹ) 축제 프로그램
2) — ㄷ) 축제에 가다
3) — ㅁ) 참가 신청을 하다
4) — ㄱ) 전시회
5) — ㄴ) 공연을 보다

2 <보기>와 같이 대화를 완성하십시오. 78쪽

1) 가: 배가 고픈데 뭘 먹을까요?
   나: 아직 점심 시간이 아니니까 간단한 음식을 먹는 게 어때요?

2) 가: 축제 준비 때문에 잔느 씨가 많이 바빠요.
   나: 지금 한가하니까 우리가 좀 도와주는 게 어때요?

3) 가: 축제 때 한국어를 통역할 수 있는 사람이 필요해요.
   나: 마이클이 경험이 많으니까 마이클에게 부탁하는 게 어때요?

4) 가: 오후에는 뭘 볼까요?
   나: 오전에는 댄스 공연을 봤으니까 태권도 공연을 보는 게 어때요?

5) 가: 축제를 홍보하려면 포스터가 많이 필요해요.
   나: 포스터가 부족하니까 포스터를 더 만드는 게 어때요?

6) 가: 우리 동아리는 이번 축제에 뭘 해요?
   나: K-팝 동아리니까 K-팝 댄스 공연을 하는 게 어때요?

3 <보기>에서 알맞은 것을 골라 대화를 완성하십시오. 79쪽

① 가: 퇴근 시간이라서 차가 너무 막힐 것 같아요.
나: 그럼 공연장까지 지하철을 타고 가는게 어때요?

② 가: 공연이 곧 시작하는데 관객이 많이 없어요.
나: 우선 근처에 사는 친구들에게 연락해 보는 게 어때요?

③ 가: 시영 씨, 우리 여기에 앉을까요?
나: 여기는 무대가 멀어서 공연이 잘 안보이니까 앞쪽에 앉는 게 어때요?

④ 가: 공연장에 의자가 부족해요. 여기에 있는 의자들을 좀 가지고 갈까요?
나: 네, 무거우니까 친구들이 오면 함께 드는 게 어때요?

⑤ 가: 전시회장에 가방을 두고 왔어요.
나: 지금은 너무 늦었으니까 내일 다시 들르는 게 어때요?

⑥ 가: 이번 축제 때 K-팝 노래 대회도 해요
나: 그래요? 재미있을 것 같은데 우리도 참가 신청을 하는 게 어때요?

2 <보기>와 같이 문장을 완성하십시오. 81쪽

① 동아리 발표회에서는 전시회에다가 연극까지 해요.

② 공연 전까지 포스터에다가 공연 의상까지 준비해야 해서 바빠요.

③ 내년에는 세계 음식 만들기에다가 전통 의상 체험까지 준비하려고 해요

④ 한글날 행사에서는 한국어 말하기 대회에다가 한국어 퀴즈 대회까지 참가할 수 있어요.

⑤ 이번 축제에서 댄스 대회에다가 축하 공연까지 볼 수 있어요.

⑥ 지난 행사에는 인형 뽑기에다가 물풍선 던지기까지 할 수 있었어요.

3 <보기>와 같이 대화를 완성하십시오. 82쪽

① 가: 오늘 날씨가 정말 춥네요.
나: 네, 두꺼운 외투에다가 모자까지 썼는데도 추워요.

② 가: 에밀리 씨는 피아노에다가 기타까지 잘 치네요.
나: 맞아요. 그래서 친구들에게 인기가 많아요.

③ 가: 이번 공연에 인기 아이돌 그룹에다가 유명한 댄스팀까지 와서 사람이 많겠어요..
나: 네, 그래서 표를 구하는 것이 정말 어려웠어요.

④ 가: 점심 맛있게 드셨어요?
나: 네, 삼겹살에다가 볶음밥까지 먹어서 배불러요.

⑤ 가: 타오 씨, 내일 같이 전시회를 보러 갈까요?
나: 미안해요. 내일은 회의에다가 출장까지 있어서 시간이 없어요.

⑥ 가: 마르완 씨, 가방을 잃어버렸어요?
나: 네, 지갑에다가 휴대폰까지 들어 있었는데 택시에 놓고 내렸어요.

▶ <보기>에서 알맞은 것을 골라 문장을 완성하십시오. 83쪽

5월 20일부터 21일까지 부산역 근처 국제 거리에서는 '세계 문화 축제'가 열린다. 이번 축제에는 다양한 프로그램이 준비되어 있다. 첫째 날 '세계 음식 맛보기'에서는 ㉠ 세계 음식을 맛볼 수 있다. 다음으로 '세계 전통 옷 알기'에서는 ㉡ 세계 전통 의상을 입어 보고 사진도 찍을 수 있다. 둘째 날에는 벼룩시장이 열려 ㉢ 여러 나라의 물건을 사고 팔 수 있다. 또 세계 문화 알기'에서는 ㉣ 세계 전통 노래와 춤을 배울 수 있는 시간도 준비되어 있다.

2 <보기>와 같이 대화를 완성하십시오. ········ 85쪽

1) 가: 마르완 씨, 여기 좀 보세요. 다음 주에 세계 음식 축제를 해요.
   나: 그렇네요. 와, 고향 음식도 있군요.

2) 가: 아침 8시부터 행사가 시작해요.
   나: 그래요? 행사가 일찍 시작하는군요.

3) 가: 내일 제가 여기에서 댄스 공연을 해요.
   나: 그래요? 무대가 멋지군요. 내일 꼭 보러 갈게요.

4) 가: 근처 공원에서 K-팝 공연을 하고 있어요.
   나: 아, 그래서 이렇게 밖이 시끄럽군요.

5) 가: 안녕하세요. 시드니에서 온 에밀리라고 해요.
   나: 와, 고향 사람이군요. 정말 반가워요.

6) 가: 환 씨, 인사하세요. 제 여동생이에요.
   나: 아, 켄타 씨 여동생이군요.

3 <보기>와 같이 대화를 완성하십시오. ········ 86쪽

1) 가: 이 분이 제 어머니세요.
   나: 유이 씨는 어머니를 닮았군요.

2) 가: 이제 대학교 졸업이라서 다음 달에 고향으로 돌아가요.
   나: 그래요? 벌써 4년이 지났군요.

3) 가: 이것 좀 보세요. 제가 5살 때 사진이에요.
   나: 정말 귀여워요. 그런데 이때는 키가 작았군요.

4) 가: 어제 세계 불꽃 축제에서 찍은 사진이에요. 어때요?
   나: 불꽃이 정말 화려했군요.

5) 가: 어제 교실에서 제 모자 못 봤어요? 초록색 야구 모자예요.
   나: 아, 첸 씨 모자였군요. 바닥에 떨어져 있었어요.

6) 가: 저는 랑스대학교에서 공부했어요.
   나: 아, 그래요? 우리 학교 졸업생이었군요. 만나서 반가워요.

2 <보기>에서 알맞은 것을 골라 문장을 완성하십시오. ········ 88쪽

여러분, 안녕하세요. 랑스 관광을 이용해 주셔서 감사합니다. 저는 가이드 환이라고 합니다. 오늘 일정을 말씀드리겠습니다. 우리가 ㉠ 방문할 곳은 이천도자기축제입니다. 그곳에서 첫 번째로 ㉡ 볼 것은 도자기 전시회입니다. 그곳에서는 유명 작가의 도자기를 볼 수 있습니다. 전시회를 본 후에는 도자기 체험이 있습니다. 거기에서 ㉢ 만들 것은 컵입니다. 집으로 컵을 ㉣ 가지고 갈 사람은 저에게 따로 신청하십시오. 체험이 다 끝난 후에는 식당으로 이동하겠습니다. 점심은 비빔밥입니다. 식사를 다 하고 다시 ㉤ 모일 장소는 전시회장 옆 주차장입니다.

3 <보기>와 같이 대화를 완성하십시오. ········ 89쪽

1) 가: 이거 졸업식에서 입을 옷인데 어때요?
   나: 멋지네요. 너무 잘 어울려요.

2) 가: 다음에 발표할 사람을 정했어요?
   나: 제가 하기로 했어요

3) 가: 마르완 씨, 이사 준비는 다 했어요? 어디로 가요?
   나: 아니요, 아직 이사갈 집을 알아보고 있어요.

4) 가: 시영 씨, 졸업하고 바로 취직할 거예요?
   나: 아니요, 저는 일단 대학원에 갈 생각이에요.

5) 가: 마르완 씨, 버스가 출발할 시간이에요.
   나: 알겠어요. 빨리 갈게요.

6) 가: 내일 수아 씨에게 줄 생일 선물을 샀어요?
   나: 네, 수아 씨가 좋아하는 것으로 샀어요.

16과 실수와 경험

▶ <보기>에서 알맞은 것을 골라 문장을 완성하십시오. ············ 92쪽

1) 친구와 싸웠는데 너무 화가 나서 얼굴이 빨개졌다.

2) 조용한 도서관에 내 휴대폰 소리가 울려서 깜짝 놀랐다.

3) 아직 시험 문제를 다 풀지 못했는데 시간이 끝나서 당황했다.

4) 공원에서 운동하다가 사람들 앞에서 넘어져서 창피하고 부끄러웠다.

5) 한국어를 잘하지 못해서 한국 사람이 말을 걸 때마다 불안하고 가슴이 두근거린다.

2 <보기>와 같이 대화를 완성하십시오. ········ 94쪽

1) 가: 한국에서 가장 힘들 때는 언제였어요?
   나: 음식이 입에 안 맞았을 때 힘들었어요.

2) 가: 처음 이사를 왔을 때는 아무것도 없었는데 지금은 짐이 많아요.
   나: 네, 저도 그래요.

3) 가: 올해 영화 축제는 어땠어요?
   나: 작년에 갔을 때는 사람이 많았는데 올해는 사람이 적었어요.

4) 가: 어제 공연은 잘 봤어요?
   나: 공연장에 도착했을 때는 이미 공연이 끝났어요.

5) 가: 한국에서 실수한 적이 있어요?
   나: 네, 한국 문화를 몰랐을 때 실수를 정말 많이 했어요.

6) 가: 한국 생활에서 뭐가 가장 기억에 남아요?
   나: 한국어 수업을 처음 들었을 때가 가장 기억에 남아요.

3 <보기>와 같이 대화를 완성하십시오. ············ 95쪽

1) 가: 유이 씨, 엘레나 씨를 알아요?
   나: 네, 기숙사에 살았을 때 제 룸메이트였어요.

2) 가: 와, 엘레나 씨, 가방이 멋진데요?
   나: 고마워요. 첫 월급을 받았을 때 기념으로 샀어요.

3) 가: 야스민 씨는 꿈이 뭐였어요?
   나: 어렸을 때는 디자이너가 되고 싶었어요.

4) 가: 샤오민 씨, 한국어 공부가 힘들지 않아요?
   나: 처음 한국에 온 지 얼마 안 됐을 때는 높임말을 몰라서 힘들었어요.

5) 가: 요즘 회사생활은 좀 어때요?
   나: 처음 출근했을 때는 한국 문화를 몰라서 당황했는데 지금은 익숙해졌어요.

2 <보기>와 같이 대화를 완성하십시오. ············ 97쪽

1) 가: 여러 번 불렀는데 왜 대답을 안 했어요?
   답답해서 죽을 뻔했어요.
   나: 미안해요. 음악을 듣고 있었어요.

2) 가: 시영 씨, 여기예요. 이 자리에 앉으세요.
   나: 고마워요. 환 씨가 없었으면 사람이 많아서 못 앉을 뻔 했어요.

3) 가: 엘레나 씨, 그 커피 마시면 안 돼요. 마이클 씨 거예요.
   나: 아, 그래요? 목이 말라서 마실 뻔 했어요.

4) 가: 마이클 씨, 이쪽이에요.
   나: 아, 유이 씨. 거기에 있었어요? 잘 안 보여서 지나갈 뻔했어요.

5) 가: 오늘 아침에 지하철을 잘못 타서 지각할 뻔했어요.
   나: 다행이에요. 그래도 지각을 안 했네요.

6) 가: 한국에서는 어른에게 높임말을 써야 돼요.
   나: 그래요? 우리 나라는 높임말이 없어서 반말을 할 뻔했어요.

3 <보기>에서 알맞은 것을 골라 대화를 완성하십시오. ………… 98쪽

① 가: 오마르 씨, 발표 잘했어요?
　　나: 네, 발표가 처음이라서 실수할 뻔했는데
　　　　한국 친구들이 많이 도와줘서 잘 끝났어요.

② 가: 시영 씨, 어제 축구 경기 봤어요?
　　　우리 팀이 이길 뻔했는데 너무 아쉬워요.
　　나: 맞아요. 그래도 다음에는 좋은 결과가 있겠죠.

③ 가: 에밀리 씨, 그거 제 거예요. 에밀리 씨 책은 여기 있어요.
　　나: 미안해요. 책에 이름이 안 써 있어서
　　　　제가 가져갈 뻔했네요.

④ 가: 오늘 일을 못 끝낼 뻔했는데 에밀리 씨 덕분에
　　　　다 끝냈네요. 고마워요.
　　나: 고맙기는요. 언제든지 도와줄게요.

⑤ 가: 비행기표가 없어서 여행을 못 갈 뻔했는데
　　　　표를 구했어요.
　　나: 다행이네요. 잘 다녀오세요.

▶ <보기>에서 알맞은 것을 골라 대화를 완성하십시오. ………… 99쪽

① 가: 한국은 식당에서 담배를 피우는 사람이 없네요.
　　나: 네, 한국은 건물 안에서 담배를 피우면 안 돼요.

② 가: 야스민 씨, 실수한 적이 있어요?
　　나: 네, 친구 집에 갔을 때 친구 부모님께
　　　　손을 흔들면서 인사했어요.

③ 가: 타오 씨는 한국어를 정말 잘하는 것 같아요.
　　나: 아니에요. 저도 가끔 한국어를 잘못 말할 때가 있어요.

④ 가: 마이클 씨, 한국에서는 어른의 이름을 부르면 안 돼요.
　　나: 그래요? 몰랐어요. 지혜 씨가 안 알려 줬으면
　　　　이름을 부를 뻔했네요.

⑤ 가: 자리가 비었는데 교통약자석에 앉아도 돼요?
　　나: 거기는 앉지 않는 게 좋아요.

2 <보기>와 같이 대화를 완성하십시오. …… 101쪽

① 가: 길에서 돈을 주워 봤어요?
　　나: 네, 돈을 주워 본 적이 있어요.
　　　/ 아니요, 돈을 주워 본 적이 없어요.

② 가: 남자/여자 친구를 사귀어 봤어요?
　　나: 네, 사귀어 본 적이 있어요.
　　　/ 아니요, 사귀어 본 적이 없어요.

③ 가: 한국에서 해변 열차를 타 봤어요?
　　나: 네, 해변 열차를 타 본 적이 있어요.
　　　/ 아니요, 해변 열차를 타 본 적이 없어요.

④ 가: 친구와 즉석 사진을 찍어 봤어요?
　　나: 네, 즉석 사진을 찍어 본 적이 있어요.
　　　/ 아니요, 즉석 사진을 찍어 본 적이 없어요.

⑤ 가: 아이돌 그룹 팬미팅에 가 봤어요?
　　나: 네, 팬미팅에 가 본 적이 있어요.
　　　/ 아니요, 팬미팅에 가 본 적이 없어요.

⑥ 가: 다른 나라의 전통 의상을 입어 봤어요?
　　나: 네, 전통 의상을 입어 본 적이 있어요.
　　　/ 아니요, 전통 의상을 입어 본 적이 없어요.

3 <보기>와 같이 대화를 완성하십시오. …… 102쪽

① 가: 경찰서에 가서 잃어버린 휴대폰을 찾은 적이 있어요.
　　나: 다행이네요.

② 가: 거리 공연을 해서 용돈을 번 적이 있어요.
　　나: 와, 대단하네요.

③ 가: 캠핑을 좋아해서 한 달 동안 캠핑을 한 적이 있어요.
　　나: 저도 해 보고 싶네요.

④ 가: 태권도를 배워서 친구에게 가르쳐 준 적이 있어요.
　　나: 그래요? 저도 가르쳐 주세요.

⑤ 가: 아르바이트를 해서 부모님께 선물한 적이 있어요.
　　나: 부모님께서 좋아하셨겠어요.

⑥ 가: 달리기 대회에 나가서 우승한 적이 있어요.
　　나: 저도 다음에 대회에 나가 보고 싶어요.

출처표기

[Freepik]
https://kr.freepik.com/

14과 한국 생활 66쪽;   15과 축제 76쪽;

[Photo AC]
https://www.photo-ac.com/

14과 한국 생활 66쪽;   15과 축제 76쪽;

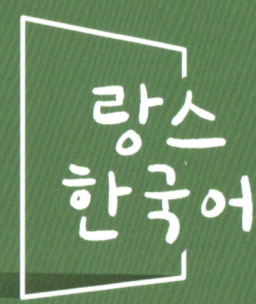